唐斌　周永才———著　东篱歌声———绘

给孩子的
中国
智慧

84位
思想家的人生哲学

中信出版集团｜北京

图书在版编目（CIP）数据

给孩子的中国智慧 / 唐斌，周永才著；东篱歌声绘. -- 北京：中信出版社，2024.7
ISBN 978-7-5217-6558-8

Ⅰ.①给… Ⅱ.①唐…②周…③东… Ⅲ.①哲学史-中国-少儿读物 Ⅳ.①B2-49

中国国家版本馆CIP数据核字（2024）第093684号

给孩子的中国智慧

著　　者：唐斌　周永才
绘　　者：东篱歌声
出版发行：中信出版集团股份有限公司
　　　　　（北京市朝阳区东三环北路27号嘉铭中心　邮编　100020）
承　印　者：北京启航东方印刷有限公司

开　　本：720mm×1020mm　1/16　　印　张：11.5　　字　数：200千字
版　　次：2024年7月第1版　　　　　　印　次：2024年7月第1次印刷
书　　号：ISBN 978-7-5217-6558-8
定　　价：68.00元

出　　品：中信儿童书店
图书策划：神奇时光
总 策 划：韩慧琴
策划编辑：刘颖
责任编辑：程凤
营销编辑：中信童书营销中心
装帧设计：姜婷
排　　版：李艳芝

版权所有·侵权必究
如有印刷、装订问题，本公司负责调换。
服务热线：400-600-8099
投稿邮箱：author@citicpub.com

中国思想家给孩子的中国智慧

1
别让算法"吃掉"你的大脑

据说,德国数学家莱布尼茨在查阅资料时,发现《易经》"阴阳"二元对立转化思想,跟他正在构思的"二进制"运算有诸多相通之处,于是果断抛弃复杂的"十进制"运算,仅用"0"和"1"两个数,便构造出一种能让机械装置执行的、简洁而强大的"二进制"运算,为现代计算机科学和人工智能奠定了基础,从而让人类继蒸汽时代(第一次工业革命)和电气时代(第二次工业革命)之后,迈入数字化时代(第三次工业革命)。

面对这一划时代的进步,《易经》却告诉我们,凡事并不绝对,是可以相互转化的。现代社会,迅猛发展的技术,如虚拟现实、人工智能、ChatGPT……毫无节制地迅速入侵你的生活,全方位改造你的衣食住行、学娱购游。在让你的学习、工作、娱乐变得更加高效、更加便利、更加精彩的同时,数字化、技术化也正试图将你"驯服"与"异化"!

智能手机、平板电脑里的每一款App,都有心理学家、脑科学家,以及人工智能专家精心设计的"算法"在"猜你喜欢"——你喜欢什么,就给你推荐什么;你讨厌什么,就避免给你看什么。于是,你只能看见这个世界的"半张脸"。没有冲突,自然不可能有反思。你早已忘记老子在《道德经》里的警醒:"五色令人目盲,五音令人耳聋,五味令人口爽……""算法"基于你的欲望喜好,持续给你推送相关内容,不断迎合并强化你的偏好,你乐在其中,自然也不可能有反思。

在这一过程中,你的大脑变得更加懒惰,过度依赖智能设备,依靠大数据、搜索引擎来获取答案,而忽视了自己的逻辑推理和深度思考。这种依赖大概率将导致你的记忆力、思考力减退,因为你总是把信息存储在外部设备中,而不是大脑中。你靠大数据决策,靠高技术活着,你正在被算法一点点"驯服"。

那么，你如何从这种窠臼中脱身而出？孔子早已告诉你答案——克己。克己的本质不是克制自己的欲望，而是让自己不成为感官快感的奴隶。海德格尔在《泰然任之》的演讲中说："完全抵抗技术是愚蠢的，你真正要具备的态度是，让技术既在你的生活里，又在你的生命之外。"也就是说，你可以享受技术带来的便捷生活，但不要让它们垄断你的生命体验，让你的世界塌缩成一块巴掌大小的屏幕！

你必须跳出算法对你的束缚，去主动思考一些有关你的基本哲学问题：你是谁？从哪里来？将要到哪里去？哲学持续制造的这种不适感、他者性和否定性，能让你在众多领域实现从 0 到 1 的突破，从而在这场决定你前途和命运的斗争中，迈出战胜只能从 1 到 N"算法"的第一步。

2
中国人很早以前就认识到哲学对人生的重要性

从前在中国，一个孩子在认字之初，首先受到的就是哲学方面的启蒙教育——孩子用的认字课本《三字经》，开篇第一句"人之初，性本善"，便是孟子哲学的基本思想。儿童入学后，读的是中国儒家经典"四书"——《论语》《孟子》《大学》《中庸》。所以，南怀瑾先生说："在中国，哲学是每一个受过教育的人都特别关注的领域。"

事实上，每个孩子都是天生的哲学家。孩子的大脑天然地处在一个高度哲学的框架内。哪怕你一节哲学课都没上过，却天然地有一种哲学家的质疑精神，特别是在你能用语言完整表达自己想法的时候，也就是三岁左右，你化身为"十万个为什么"，一天会问好多个让父母"头痛烧脑"的哲学问题："在出生之前我在哪里？我从哪里来？""世界上有没有鬼魂？有没有神仙？有没有外星人？""夜晚来了，太阳去哪里啦？白天到了，月亮去哪里啦？""什么样的人是好人，什么样的人是坏人？"……

你这些看似"无厘头"的提问和"无意义"的思考，却正好能让你的创造力三要素——"好奇心、批判性思维与想象力"得到极大发展。你有好奇心才会问"为什么"；问了"为什么"，你才能带着审视的眼光去批判性思考"是什么"；有了"批判性思考"，你才会依靠"想象力"提出创新性的解决方案"怎么办"。

哲学就是你思想的游戏，你可以像摆弄手中的积木一样去锻炼你的思维，学会大胆谋划，小心构建，即使结果并不如预期，但大不了推翻重来，这一系列操作最终将发展和更新你的思维。

所以，哲学是培养你深度思考能力最有力的"磨刀石"，也是你开脑洞最给力的"试金石"。了解哲学家的思想框架，掌握哲学家的思考方法，会在你年幼的心中埋下哲思的种子，并将在未来绽放出自由思考、独立思考之花。

3
《易经》，中国哲学的起源

在西方哲学家看来，中国没有哲学。这显然是错误的认知。中国不但有哲学，而且有自己的哲学体系，哲学思想早在春秋战国时期就已百花齐放，甚至中国系统的哲学思想的诞生时间，比西方公认最早的由"西方哲学之父"泰勒斯创建的哲学学派米利都学派还要早——中国哲学的源头，可以追溯到殷周时期。

那个时期的中国人发现，地震中的山川河流，一分为二；被闪电击中的树木，一分为二；被捕获的猎物，一分为二……这些完整的"一"，是鲜活的、阳光朝气的；而被分裂的"--"，是濒死的、颓丧阴沉的。在文字还没有被发明出来的时候，远古中国人通过归纳类比，"脑洞大开"地画出一条完整的"一"来表示活的好的，并把它称为"阳爻"；画出一条中间断裂的"--"来表示死的坏的，并把它称为"阴爻"。以此来记录经验教训，预测未知风险。

随着观察总结的现象增加，人们发现被一分为二的事物，也并非一定会死、会坏，也可能有新的变化。为解释不同的结果、预测更多的变化，伏羲采用三层阳爻与阴爻的组合构成"三画卦"，分别代表宇宙中天地人"三才"，创造性地画出先天八卦来对应八种基本自然物象。据《史记》记载"文王拘而演《周易》"，文王被商纣王软禁在羑里城时，在先天八卦的基础上，再次增加三层阳爻与阴爻的组合构成"六画卦"，创造出有六十四卦的后天八卦。其后，为了便于人们理解与运用，周公通过思考整理，为每一卦撰写了卦辞，为每一爻撰写了爻辞。孔子更是研读《易经》"韦编三绝"，为六十四卦作注释，便有了《易传》。从此，《易经》彻底演变为哲学思想之书。

那么，《易经》为何只用简单的图像和数字，以阴阳二元的对立转化，既能讨论宇宙的起源、社会的运行和人类的生存，又能通过卦象和爻辞的组合，来描述事物的变化和演进规律，提出影响中国人数千年的大道至简、天人合一、阴阳变化、五行生克等重要哲学概念，进而成为"中国哲学"的源头与"诸子百家"的开始？这得益于先哲们遵循了三条原则——"变易、简易、不易"，去归纳现象，阐释因果，实现运用。现代科学甚至仍旧在中国先哲确立的这些法则下演进。

"变易"是指万事万物每时每刻都在变化着、发展着，没有一样东西是不变的，也就是"变化是绝对的、不变是相对的"，我们应该以发展的眼光去看待事物。而"运动是绝对的、静止是相对的"，更是"变易"这一至高法则在现代物理学中的体现。

"简易"是指宇宙中再复杂再深奥的事物，一旦人类了解它以后，就变得很平常，而且很简单。所以哪怕是最复杂的事物，都可以用最简单的符号来概括。比如，当人们不了解天体运动时，会想象出有各种法力无边的"大神"在掌管着太阳、地球、月亮及其他天体的运动，但当开普勒仔细研究他的老师第谷数十年的天体观测数据后，提出"行星运行三大定律"（椭圆定律、面积定律和调和定律）时，神秘、复杂的天体运动瞬间变得有规可行、有矩可查，再到牛顿因"苹果砸头"茅塞顿开，通过研究"行星运行三大定律"，提出著名的万有引力定律时，你甚至只需要一个万有引力公式，就能分分钟搞定天体运动。这就是现代科学对《易经》"大道至简"最好的诠释。

"不易"是指在宇宙间万物皆变的情况下，肯定有一项不变的它存在，那就是能变出万象来的那个它，是不变的，是永恒的。那个它是什么呢？宗教家认为它是"神"，西方哲学家认为它是"本体"，中国哲学家认为它是"道"。不管它是一个什么，总之，能变万物万事的那个"它"是永远不变的。这也是牛顿、爱因斯坦、杨振宁等顶尖科学家研究宇宙的起源到最后，都认为宇宙一定有一个它——"第一推动力"——存在。

4
中国哲学，中华民族延绵不绝的思想根脉

中国哲学思想从《易经》发轫，产生了儒、墨、道、法、名、阴阳、农、杂、兵等各家学说，发展至今已有三千多年的历史，经历了先秦子学、两汉经学、魏晋玄学、隋唐佛学、宋明理学等学术发展阶段，形成了中国人独特的宇宙观、世界观、社会观、人

生观、道德观……

比如，孔子最早提出"仁礼义"三个范畴，孟子进一步提出"仁义礼智"四个范畴，董仲舒在此基础上加了一个"信"，发展为"仁义礼智信"五常，成为当时普遍认同的价值标准。此后，"五常"一语频频出现在史籍中，成为中华传统文化的精神内核。宋代在综合先秦儒家道德观念的基础上，形成了"孝悌忠信礼义廉耻"八德，体现着评判是非曲直的道德标准，为中华文明注入深厚的伦理责任和家国情怀，潜移默化地影响着中国人的行为方式。

比如，《周易》提出"天行健，君子以自强不息；地势坤，君子以厚德载物"，"夫大人者与天地和其德，与日月和其明，与四时和其序，与鬼神和其吉凶"，从而让中国人形成敬畏天地，与自然万物和谐相处的君子之风。庄子更是提出"天人合一"的思想，所以，人类社会如若摒弃"天人合一"思想，多半会导致"天人对立"和"天灾人祸"的现象和结果。这些思想，仍在今天闪耀着璀璨的光芒。

比如，张载为解决学生为何而读书的问题，写下言简意赅、气象宏大、光耀古今的"横渠四句"——为天地立心，为生民立命，为往圣继绝学，为万世开太平！被历代读书人奉为人生座右铭，成为无数中国人的最高理想和精神坐标。而王守仁创立的"阳明心学"，倡导"知行合一"与"致良知"，亦成为中国人的日常行为准绳。

这些哲学思想为中国人认识自然、改造世界提供了重要依据，也为中华文明发展奠定了哲学基础，更为人类文明发展做出了重大贡献。不仅如此，中华文明还在应对内外环境变化中不断变革，在传承的基础上不断创新，因而能够始终保持生机活力，成为人类历史上唯一一个绵延五千多年至今未曾中断的灿烂文明。

而今，我们身处百年未有之大变局中，让今天中国的孩子以他们能够读懂的方式了解中华民族延绵不绝的思想根脉、生生不息的基因密码，就显得尤为重要与紧迫。

为此，本书以哲学大家冯友兰先生的《中国哲学简史》为蓝本进行创作，大致按照时间线，梳理中国哲学发展脉络，涵盖儒家哲学、道家哲学、墨家哲学、法家哲学、佛教哲学、道教哲学、政治哲学、历史哲学、军事哲学、科学哲学等诸子百家精华和重要哲学流派。全书精选管子、老子、孔子、墨子、庄子、惠子、孟子、荀子、尸子等八十四位中国思想家，通过简练有趣的文字，讲述他们的哲思故事和哲学思想。其间不断穿插启发性、思辨性的场景和追问，让孩子能跨越时空与他们对话，掌握深度思考的

"高阶能力"——透过现象看到本质，获得看待问题的新视角，掌握解决问题的新能力。

期望你在轻松愉快的阅读中，初步了解中国哲学与中华文化，让中国哲学里隐藏着的中国人独特的、与众不同的思想视角与思维方法，去滋养你的头脑和心灵，从而在人生的道路上少走弯路。

唐 斌

2024 年 5 月 31 日

目 录

管子：齐纨鲁缟，不战而屈人之兵   001

晏子：平等外交，互相尊重   003

老子：道法自然，上善若水   005

孔子：圣人的人生理想   007

邓析：刑名界的王者   009

孙子：兵学圣典《孙子兵法》   011

子产：伟大的改革家   013

曾子：吾日三省吾身   015

子思：中庸之道   017

墨子：每一个学生都有无限的潜能   019

李悝：天下变法第一人   021

列子：让思想御风飞行   023

鬼谷子：神秘，并不是他唯一的标签   025

慎到：集中权力办大事   027

尸子："宇宙"概念由我来定义   029

商鞅：徙木立信服国人   031

杨朱："一毛不拔"与"一毫不取"   033

申不害：以术治国的大法家　　　　　035

孟子：人之初，性本善　　　　　　　037

惠子：子非鱼，安知鱼之乐　　　　　039

庄子：鼓盆而歌任逍遥　　　　　　　041

苏秦：合纵之术　　　　　　　　　　043

屈原：在奇幻瑰玮的美学世界中行吟　045

公孙龙："白马非马"之辩　　　　　047

张仪：连横之策　　　　　　　　　　049

荀子：人性本恶吗　　　　　　　　　051

邹衍：战国第一学术偶像　　　　　　053

吕不韦：汇集诸子百家思想的《吕氏春秋》　055

韩非：帝国崛起"法术势"　　　　　057

李斯："老鼠哲学"开启的命运齿轮　059

董仲舒：罢黜百家，独尊儒术　　　　061

司马谈：为诸子百家立传　　　　　　063

扬雄：追求理想如射箭　　　　　　　065

刘歆：古文经学的开山祖师　　　　　067

王充：无神论者	069
郑玄：专注于学术的经学大家	071
仲长统：遗世独立的唯物主义者	073
何晏："傅粉何郎"的玄学清谈	075
阮籍：彷徨于乱世的思想者	077
嵇康：非汤武而薄周孔	079
王弼：少年天才的"无中生有"	081
向秀：鲲鹏逍遥，斑鸠亦逍遥	083
郭象：沉潜一心注庄子	085
葛洪：抱朴守真与"变化论"	087
释道安：开汉族僧尼"释"姓之先河	089
范缜：《神灭论》，一个人的战争	091
玄奘：踏平坎坷，修成正果	093
慧能：大智慧、大能量	095
韩愈：儒家道统的继承人	097
刘禹锡：出走半生，归来仍是少年	099
柳宗元：对屈原《天问》的回答	101

邵雍：给宇宙计算寿命　　　　　　　　　103

周敦颐："太极"宗师　　　　　　　　　105

张载：为天地立心　　　　　　　　　　107

王安石：新法的成与败　　　　　　　　109

程颢："仁"是人与万物和谐相处　　　111

程颐：对人对知识都很"严""格"　　　113

苏轼：东坡居士的豁达人生　　　　　　115

朱熹：春秋战国后享祀孔庙的唯一大儒　117

陆九渊：宇宙就在心中　　　　　　　　119

薛瑄：天生异相铁汉子　　　　　　　　121

吴与弼：桃李满园不做官　　　　　　　123

陈献章：学习贵在敢于质疑　　　　　　125

王守仁：人生中最重要的事　　　　　　127

王廷相：人生需要走好每一步　　　　　129

王艮：百姓日用即道　　　　　　　　　131

邹守益：赤胆忠心的传承人　　　　　　133

李贽：离经叛道的"思想斗士"　　　　135

刘宗周：维护儒家正统	137
黄道周：舍生取义的孤勇者	139
黄宗羲：为天下苍生代言的"书痴"	141
顾炎武：经世致用奔小康	143
王夫之：读书无用？只是你不会读罢了	145
颜元：习行又习武的教育思想家	147
戴震：爱思考，爱批判	149
严复：外面的世界很精彩	151
谭嗣同：我自横刀向天笑	153
王国维：学贯中西的大师	155
马一浮：中国学问不比外国差	157
熊十力：举头天外望，无我这般人	159
梁漱溟：最后的大儒	161
朱光潜：知行合一的"标兵"	163
宗白华：学贯中西，探索生命之美	165
牟宗三："生命的学问"	167

管子 ?—前645年

即管仲,名夷吾,春秋时期齐国人。后人把管仲的思想进一步发展,托管仲之名整理归纳出《管子》一书。他提出"仓廪实则知礼节,衣食足则知荣辱",揭示道德教化以物质生活为基础;又强调"四维(礼、义、廉、耻)不张,国乃灭亡"的道德教化作用。

管子：齐纨鲁缟，不战而屈人之兵

管仲前半生的经历诠释了什么叫惯性失败。给鲍叔牙做策划，鲍叔牙更穷困了；弃商做官，却被三次免职！转而从军，多次战败逃跑……

这种惯性失败一直延续到管仲辅佐公子纠与公子小白（齐桓公）争夺王位时。管仲犯下致命失误，致使公子纠身死，自己也将死于非命。突然，事情有了转机。鲍叔牙说服已登上国君宝座的齐桓公，放下私仇，以国为重，重用管仲。鲍叔牙说："今天大王您放下管仲用箭射您的私仇，明天管仲将为您射天下。"为了"射天下"，齐桓公释放了管仲，并直接提拔他为卿（相）。这古人办事，还真是有格局和气魄啊！

管仲后半生，印证了什么叫大事我不外行。管仲对内提出"仓廪实则知礼节，衣食足则知荣辱"的治国思想，即反对空谈主义，强调一个国家要重视农业和经济。你可不要小瞧这种"经济基础决定上层建筑"的战略思想。一次齐桓公问管仲："鲁国国强民壮，我们要征服它，恐怕很难吧？"管仲微微一笑："此事易尔！只需停止齐纨的生产，改用鲁缟即可！"纨、缟是两种丝织品。自齐国停止生产齐纨后，鲁缟价格一路飙升，鲁国几乎是全国总动员，放弃粮食种植，改种桑麻，大挣齐国缟布钱。次年，正当鲁国上下沉浸在"纺缟布，挣大钱"的美梦中时，管仲下令恢复齐纨生产，禁止购买鲁缟，并终止与鲁国的粮食交易。鲁国立即陷入"生活不能自理"的困境——鲁缟滞销，国内无粮。这时候齐国兵临城下，鲁国甚至连军粮都征收不到，最后不得不签下遵从齐国的条约。"齐纨鲁缟"让我们见识了通过经济战而屈人之兵的威力。

"齐纨鲁缟"的故事很短，却充分体现了"仓廪实则天下安"的治国理念——只有粮食自给自足，国家才能安宁稳定和繁荣发展。

"买买买"陷阱

与"齐纨鲁缟"一样，管仲通过"买买买"，还征服了强大的楚国，只不过这次高价购买的是楚国的麋鹿。那在国际竞争更加激烈的现代，在哪些领域还存在"齐纨鲁缟"？

晏子 ?—前500年

名婴,字平仲,齐国人。其思想和逸事典故多见于《晏子春秋》。他采用廉政、民本、平等外交、和而不同等思想辅佐齐灵公、齐庄公、齐景公三代君主,让衰落的齐国重新达到一个小高峰。

晏子：平等外交，互相尊重

晏婴多高？《史记》说他"长不满六尺"，也就是不到1.4米。但就是这个矮个子的宰相，能量满满，用他的满腹才学带领齐国逐渐走向强盛。无论是个人往来，还是国之外交，晏婴从来都倡导"平等外交"。晏婴两次出使楚国，面对强权威压时也是毫不畏惧。

晏婴第一次使楚，面见楚王时，楚王开口便说："晏婴啊，难道齐国没人才了吗？怎么会派你来？"晏婴从容回复："我们都城临淄住满了人，大家张开衣袖，就会把天遮住；挥洒汗水，就像下一场雨……但齐国有规矩，一等人才出使一等国家，二等人才出使二等国家……而我是齐国最不成材的，所以就只能出使楚国。"这让原本想要羞辱晏婴的楚王，一句话都说不出。

晏婴再使楚，上次吃了大亏的楚国君臣做足了"功课"，准备把面子找回来。楚王请晏婴喝酒，当宾主酒酣耳热之际，两名官吏押着一个犯人进来了。楚王问："绑着的是什么人啊？"官吏回答："是齐国人，犯了偷盗罪。"楚王随即转过头瞟着晏婴说："齐国怎么搞的，盛产小偷和强盗吗？"晏婴不慌不忙离席回答："我听人们说，橘子栽种在淮河以南，结的是又大又甜的橘子；可如果把它移植到淮河以北，就只能结又酸又苦的枳子。这是什么原因呢？是水土不一样啊！这犯人我认得，他在齐国是个规矩的人，怎么到了楚国就变盗贼了呢？莫非楚国的水土使人们习于偷盗吗？"一番话说得楚王只能自嘲："唉，真是不能同圣人开玩笑啊，是我自讨没趣了。"这便是"南橘北枳"典故的出处。

面对大国的威压，晏婴聪明机智，采用寓刚于柔的手段、平等外交的策略，赢得楚国君臣的尊重，捍卫了齐国的国格与国威。

和而不同，美美与共

校园中，大家会因兴趣、爱好以及对事物的观点等的不同，而产生摩擦和冲突，对于这些不和谐的现象，你该如何做，才能与他们"和而不同，美美与共"呢？

老子 | 生卒年不详

一说姓李名耳,字聃,春秋时期楚国人。中国古代思想家、哲学家、文学家和史学家,道家学派创始人和主要代表人物。老子思想对中国哲学发展具有深刻影响,其核心是朴素的辩证法。他的思想集中反映在《道德经》(又称《老子》)一书中。

老子：道法自然，上善若水

老子是古今中外所有哲学家中最特殊的一位，因为后世传说他在思考人生、探索宇宙的同时"飞升"仙界，成为神话体系中的明星太上老君。在神话故事和人间哲学这"仙凡"两道都享有盛名，也只有老子了。

老子曾是一名史官，为周天子看管王室图书馆。利用职务之便，老子读遍了天下典籍，积累了大量的理论知识。奈何好景不长，周天子的权力日益萎缩，各诸侯国根本不听天子号令，常常为争那一亩三分地打来打去，天下大乱。老子就决定去研究宇宙、人生的本质关系，他骑着大青牛一路向西，到达函谷关之后就彻底失踪了。传说他是在函谷关羽化登仙了。

镇守函谷关的关令尹自称是老子飞升的见证者，并记录下了老子亲口传授的"修仙秘籍"——字字珠玑、闪耀着哲学光辉的《道德经》，共五千字，分上下两部分。上篇主要讲"道"，即宇宙的起源和万物的本质；下篇主要讲"德"，即要悟"道"所必备的世界观、方法论和为人处世的原则。当然，据一些学者考证，《道德经》也有可能是更晚一些的思想家托名所作，但其核心要义仍是老子的观点及主张。

千百年来，《道德经》不仅是道家的主要经典，还在治理天下方面给了一些帝王重要的启示——"无为而无不为"让芸芸众生心向往之。

道家思想和儒家思想一样，对后世中国文人产生了深远影响。

祸福相倚

你是如何理解"祸兮福之所倚，福兮祸之所伏"这句话的？它包含了什么样的辩证法思想？

孔子 | 前551—前479年

春秋时期鲁国陬邑（今山东曲阜东南）人，名丘，字仲尼。我国伟大的思想家、政治家、教育家，儒家的创始人。其言行被弟子整理记录在《论语》中。

孔子：圣人的人生理想

春秋中期，各诸侯国早已不把周天子放在眼里，也没人听从周天子的号令，成天打来打去，你方唱罢我登场。思想界也很热闹，各国知识分子竞相发言，争当意见领袖。就在当时出现了一位被后世尊为圣人的大人物，他的思想虽在当时未引起各国重视，但三百年以后他的思想将大放异彩，对中华文明产生深远影响。他便是"天不生仲尼，万古如长夜"的孔丘孔仲尼。

伟大哲人孔子最初的梦想可能根本不是要成为拯救苍生的大豪杰，更没想去做一个内圣外王的大成至圣先师。

话说孔子带着几个学生在郊区的河边玩耍。玩耍了一阵后，师生几人趁着阳光正好，围坐在一起，畅谈人生理想和志向。前面几个弟子都大谈特谈成功学，都想着要去管理千乘之国、方圆六七十里之国。只有曾点沉默了半天才说话："老师，我的人生理想没有前面几位师兄那么崇高、那么远大。我今后最想过的日子呀，就是在风和日丽的午后，跟着一群人下河戏水，然后一起在草地上唱歌跳舞玩游戏，直到尽兴而归。"先生在听了前面几人的宏大理想后均不置可否，唯独在曾点说完后频频点头称善："吾与点也。"

平凡并不是碌碌无为，孔夫子一路砥砺前行，以平凡之心成就非凡伟业，创建了影响中国人数千年的儒家学说，成为历代中国人的精神导师。儒家的主要思想可以概括为五个字：仁、义、礼、智、信。仁即爱人，是儒家思想的核心，也是儒家伦理道德的基本原则；义是指做人的原则和道理，强调了公正、公平、合理；礼是指礼仪、规矩和秩序，是人际关系的调节器；智是指智慧和知识，强调了学习和思考的重要性；信是指诚信和信任，强调了人格和道德的重要性。

儒家思想成为两千余年来中国传统文化的主流，对日本、韩国、越南、新加坡等国也产生了巨大影响，形成了一个广泛的儒家文化圈。

人生志向与人生规划

看曾点的言谈，可以说是淡泊名利，可为什么只有他得到了孔子的高度认可？你对自己未来的人生有过什么规划？

邓析 | 前545—前501年

春秋末期郑国人,做过郑国大夫。思想家、教育家,法家、名家的先驱,名辩思潮的开拓者。他参照夏、商、周法律,结合当时形势,对郑国法律、法令条文进行修改,自著刑书《竹刑》,专门教人"学讼",宣扬法治。《邓析子》系后人托名所作。

邓析：刑名界的王者

有人形容，就算一块顽石，听了邓析的一番大道理之后，也会点头称是，可见其辩才无碍。由于邓析既热爱辩论又精通律法，且在这两个领域都取得了傲人的成绩，后人便推崇他为刑名之学的开山鼻祖。辩论界的达人惠施、桓团、公孙龙，法律界的翘楚商鞅、慎到、韩非子，等等，都是他的后生晚辈。精通法律，又能言善辩，可以说，邓析就是春秋末期的当红"律师"，也可以算律师的祖师爷了。

身为刑名界的王者，邓析对郑国朝廷的主要话事人——子产发起了挑战。不毁乡校的子产，给郑国创造了价值不菲的财产——刑鼎，其上熔铸了各种法律条款，成为各国成文法典的始祖。邓析觉得这个笨重的大鼎不能自由移动，不方便向国内的百姓开展普法工作，而且，他发现这么多年过去了，这些法律条款有很多不完善、不适合当下政治经济形势的地方，需要修订。邓析就把夏商周以来各国带法律性质的文本都仔细研究了一遍，参照对比鼎刑，形成了新的系统的法律条文，并将其刻写在竹简上，史称《竹刑》。这可是中国法律史上的标志性事件，由于改变了载体，法律从庙堂走向江湖，广大百姓也能系统地学习法律知识了。

虽然邓析为郑国的法治建设立下了汗马功劳，但祸从口出，邓析的言论终究得罪了利益集团。因为法治的底层逻辑就是人人平等，废除特权，即"天子犯法与庶民同罪"。郑国的统治集团当然不答应了，他们身上的每一个细胞都在拒绝法治，痛恨法治，邓析就是他们的眼中钉肉中刺，必欲除之而后快。子产的隔代接班人驷歂是个狠角色，他随便找了个理由杀了邓析。

律师的作用和意义

在当今社会中，律师一定程度上捍卫着公平和正义，你认为律师存在的作用和意义是什么？

孙子 | 前 544—前 470 年

即孙武,春秋末期齐国人。思想家,兵家奠基人,著有"兵学圣典"《孙子兵法》。书中强调战争中的主观能动性及应对客观之道,充满辩证法,其基本原则被后人广泛应用于社会经济各方面,对后世影响深远。

孙子：兵学圣典《孙子兵法》

在说起先秦的学术流派的时候，我们就会想起老子、孔子……为什么都是以"子"相称呢？"子"在古代是对有学问的人的尊称。

孙武，一介武夫，为何能被世人称为"子"？这源于他的《孙子兵法》和传奇生涯。孙武出身于齐国精通军事的名门世家，自幼便文武兼修且好问则裕。有一次，他读到"国之大事，在祀与戎"，就问父亲："祭祀是精神层面的东西，怎么能和战争相提并论？"父亲一时之间愣住了，答不出来。后来，孙武认真思考，在《孙子兵法》第一章开篇就写下"兵者，国之大事，死生之地，存亡之道，不可不察也"。

当吴王阖闾读到孙武《兵法》十三篇后，立马想委以重任，又怕他经验不足，就出了一道创新型试题：召集一百八十名宫女，请孙武训练。孙武也不推辞，通过"三令五申""斩姬练兵"，训练卓有成效。吴王决定拜孙武为大将军。之后，孙武与伍子胥等人，助弱小的吴国日益强盛。

要研究中国人的战略思想，必读书就是被称为"兵学圣典"的《孙子兵法》，书中讲的是战略，是兵者，诡道也。是上兵伐谋，其次伐交，其次伐兵，其下攻城。是知彼知己，百战不殆；不知彼而知己，一胜一负；不知彼，不知己，每战必殆。是将在外，君命有所不受……

《孙子兵法》不是一部普通的兵书，而是一部简练抽象的军事哲学著作，超越了具体的方法论，从辩证法的角度，总结了战争与指导战争的基本规律。

道与术

"道"就是道理，就是规律。"术"就是技术，就是方法。有道无术，只能坐而论道，无法行动；有术无道，只能手忙脚乱，事倍功半。请你找一件日常生活中的小事，谈谈对"道"与"术"的认识。

子产 ?—前522年

姬姓，公孙氏，名侨，字子产，又字子美，春秋郑国人，著名政治家、思想家。子产否定占星术能预测人事，认为天体运行的轨道与人事遵行的法则互不相干。他还提出了人性观念，这是中国哲学史上探讨人性问题的开端。

子产：伟大的改革家

子产，春秋时郑国执政。说起郑国，大家印象比较深的可能是郑庄公，第一位拿箭射周王，开启礼崩乐坏的春秋时代的小霸王。可郑国的地理位置不好，夹在晋楚两个大国之间，风光了一阵子之后就没落了。等子产出生时，郑国已只能在夹缝中求生。

少年时期的子产便表现出非凡的远见。公元前565年，子产的父亲公子发，奉命率军攻打比郑国还弱的蔡国，大胜而返。郑国上下一片欢腾，只有子产在宴会上冷静地预言："小国不强化文治，却炫耀武功，这可不是什么好事。我们追随晋国，蔡国则追随楚国。我们把蔡国给打了，接下来楚国就会过来报复。到时候我们打不过，就只能归附。可这么一来，晋国又会说我们背叛他们，肯定找麻烦。如此循环，轮流被晋、楚打，只怕未来，郑国将一直不得安宁。"一席话气得公子发直接斥道："小屁孩懂什么，打仗是国家大事，哪轮得上你说话？"

然而，郑国接下来的命运，却不幸被子产言中。今天被晋国揍，明天又被楚国打，国内人心动荡。公元前563年，郑国发生政变，叛军杀死了包括公子发在内的几名主持朝政的大臣。消息传出，众人都被吓得不知所措，唯独年轻的子产隐藏悲伤，沉着应对。他第一时间调集军队，命令官员们各就各位，并封存国家档案库。做好防守准备后，下令军队出击，一举平定了叛乱。

公元前543年，子产执政，此时郑国内外交困。子产顶住压力，推行土地改革"为田洫"——重新划定土地界线，防止贵族私田的无尽扩张；推动军事改革"作丘赋"——以土地人口数量交纳军赋，扩大兵源，增加军费；还"铸刑书"——将法律条文铸造在鼎上，公之于众，既有威慑作用，也可让民众依此维权，以法律的形式重树国家威信，重塑社会秩序。种种措施，终于让郑国呈现出一丝中兴的局面，子产也因此被孔子称赞为"古之遗爱"。

铸刑书

子产在郑国的施政，被同时代的政治家和学者高度赞扬。可他"铸刑书"却屡被批评——民众一旦知道了刑书的条文，就不会再看重道德、遵守礼仪，反而会去钻法律条文中的空子。你觉得呢？

曾子 | 前505—前434年

名曾参,字子舆,春秋末年鲁国人。儒家"宗圣",参与编撰《论语》,相传著有《大学》《曾子十篇》等,他提出"修、齐、治、平"的政治观,内省慎独的修养观,以孝为本的孝道观,构成一套完整封建伦理道德的政治哲学体系,对后世产生了深远的影响。

曾子：吾日三省吾身

假如你和父亲入读同一所学校，师从同一位老师，而老师又时常表扬他，那会是怎样的一种感觉呢？曾子和父亲曾点，就师从同一位老师——孔子。对，曾点就是那个给孔老师说自己的理想是唱歌游玩，并被孔老师点赞的那个同学。曾子的感觉就是做一个更好的孔门弟子，超越老爸，以示对老爸的尊重。

一次，曾子给瓜田锄草，不小心把一株瓜苗给锄断了。"虎爸"曾点非常生气，信手拿起黄荆棍，结果失手将曾子打晕过去。曾子苏醒后，非但没有埋怨父亲，反而安慰父亲自己没事儿。孔子听说这事后非常生气，批评曾子说："'小杖则受，大杖则走'，这才是真正的孝！"意思就是，父亲拿小竹片教训你，那你默默承受，是孝；可如果父亲在暴怒之下，用大棍子教训你，那你就要赶紧跑开，这才是孝！曾子听后，反思说："我做得不好。"

还有一次，曾子的妻子早上去赶集，儿子哭喊着要跟着。集市很远，曾子的妻子便哄儿子："你先回去，等我回来杀猪给你吃。"妻子下午从集市回来，刚进家门，就看见曾子在抓猪。妻子慌忙阻止说："我只不过跟儿子开个玩笑罢了。"可曾子却说："我们是孩子的第一任老师。孩子什么都不懂，他只会模仿学习父母的行为。现在你欺骗他，相当于教他欺骗人。母亲欺骗儿子，儿子就不会再相信母亲了，这不是正确的教育方法。"

曾子从这些"亲子问题"中，逐渐发展出了做人重诚信的美德与"吾日三省吾身"的思想——"为人谋而不忠乎？与朋友交而不信乎？传不习乎？"即今天帮人谋划事情是否尽心竭力，今天对待朋友是否守信义，今天老师传授的知识是否好好学习了。

曾子的这些内省慎独的修养观，为人处世的诚信观、以孝为本的孝道观，以及他在《大学》中提出的"修、齐、治、平"的政治观，对后世的中国产生了既深刻又深远的影响。

参也鲁

孔子曾评价曾参"参也鲁"，即曾参迟钝。可孔子去世前，却把自己唯一的孙子托孤给曾参，而真正继承儒家"道统"的学生也正是这个迟钝的曾参，这是为什么呢？

子思 | 前483—前402年

孔伋,字子思,鲁国人,孔子的嫡孙。战国时期著名的思想家,传著有《中庸》。相传,子思受教于曾子,孔子的思想学说由曾子传子思,子思的门人再传孟子。子思也因在儒家"道统"中上承曾子,下启孟子,而被后世尊称为儒家"述圣"。

子思：中庸之道

提起子思，你或许不太熟悉，但说起他的爷爷和老师，你肯定不陌生。他们可都是中国思想史上赫赫有名的大人物——他的爷爷是孔子，老师是曾子。公元前479年，七十三岁的孔子去世。孔子临终前，将年仅五岁的子思托付给了自己的学生曾子。相传子思就在曾子的照顾和教育下成才，就连曾子门人的弟子也是成就非凡，那就是儒家大名鼎鼎的"亚圣"孟子。

当然，除师承传承外，更重要的是子思在思想上上承孔子"中庸"之学，下开孟子"心性"之论。《中庸》是儒家经典之一，与《论语》《大学》《孟子》合称为"四书"，其地位甚至还在《诗经》《书经》《礼经》《易经》《春秋经》这"五经"之上，成为宋元以来科举考试官方"指定教材"和"必读书目"。

"中庸"在中国人心中有着非同寻常的意义。"中国"，不仅仅是地理意义上的中央之国，也是一种处世的底层逻辑——执其两端、用中于民。孔子有句名言叫"过犹不及"，一件事情做过头了，与没做到一样不好。那么，什么是中庸？中，就是不走极端；庸，就是克制适宜。凡事不冒进，不掉队，恰到好处，本质是寻求高度和谐。所以，中庸并非平庸——"中者天下之正道，庸者天下之定理。"

在教育上，子思也提出中庸之道："天之生物必因其材而笃焉。故栽者培之，倾者覆之。"即上天生养万物，各有各的天赋，各有各的属性，应该根据各自的天赋属性来培养，来发展。比如擅长表达的去学社交，擅长唱歌的去学音乐，擅长推理的去学数理逻辑……基于天赋来培养，往往可以事半功倍。

学习之道

《中庸》中提出"博学之，审问之，慎思之，明辨之，笃行之"，把学习概括为学、问、思、辨、行五个方面。你平时是按这个步骤来学习的吗？

墨子 | 约前 468—前 376 年

名翟,一般认为是春秋战国之际宋国人。中国古代思想家、教育家、科学家、军事家,墨家学派创始人和主要代表人物。《墨子》记载了他的哲学思想。

墨子：每一个学生都有无限的潜能

天上有一颗卫星，它实现了"一步千里"的跨越，它就是我们的墨子号量子科学实验卫星。它可以说是我们对战国时代的伟大思想家墨翟颁发的高科技奖杯。

墨子是墨家学说的创立者，提出了相当超前的"兼相爱""交相利""非攻""尚同"等思想观点，也是一位桃李满天下的老师。曾有人指责孔丘"四体不勤，五谷不分"，而墨子除了亲自劳作，还让学生半耕半读，学习累了就种庄稼，种庄稼累了就学习。学生既学到了知识，又掌握了技能，还强健了体魄！

墨子自己文武精百艺全，连他带出来的很多学生也都是全攻全守的高素质人才：读书、种地、打仗、从政、经商、搞科研……

墨子对学生耕柱子很严厉，耕柱子问道："老师，那么多学生，为什么你总盯着我呢？"墨子说："举个例子吧，假如我要上太行山办点事，这里有一匹快马和一只羊，你说，我的鞭子该鞭策哪一个呢？""当然是鞭打快马，因为快马值得鞭策？""你是可造之材，加油吧。"耕柱子听闻此言，从此发愤图强。

禽滑釐也是墨子的亲传弟子。禽滑釐跟老师墨子一样，也一度接受过儒家老师的启蒙教育，后来追随墨子学习"兼爱""非攻"等墨家思想。墨子在教学过程中觉得这个学生颇具军事天才，便重点传授其防御技能。墨子前往楚国与公输盘较量的时候，就派禽滑釐带领墨家子弟驻守宋国都城，形成强大的威慑力。

发现每一个学生的闪光点并让其全力生长，正是墨子教育思想领先于时代的独特之处。

止楚攻宋

你读过《公输》这篇文章吗？它描写了公输盘（鲁班）制造出了巨大的云梯，企图帮助强大的楚国去攻打弱小的宋国。墨子听闻后立即赶赴楚国，与楚王、公输盘展开辩论，最终说服了他们，不再进攻宋国。你认为墨子用了什么观点来说服对方？

李悝 | 前455—前395年

也作李克,战国时魏国人,政治家、法学家,法家代表人物。李悝在魏国的变法,是中国变法之始,在中国历史上产生了深远的影响。主要作品有《法经》,《李子》也可能是他所作。

李悝：天下变法第一人

当一个国家或一个王朝的经济增长乏力、国库日渐空虚、总体实力每况愈下时，它就需要进行改革创新了。此刻若不思变革，仍然因循守旧，那么，其"亡国"就进入倒计时了。

三家分晋以后，中国历史正式进入战国时代。其中，韩家和魏家，先天实力不足，经常被其余五大国欺负。魏文侯便夤夜召见相国李悝，共商振兴魏国大计。李相国在基层工作多年，还长年带兵奋战于秦魏边境，熟知本国的病根要害。他建议，若要让魏国强大起来，变法图强是唯一的出路。

李悝的变法，涉及政治、经济、法律、军事等各个领域：政治方面，废除贵族世袭制、权力世袭制，选拔官员时取消"世卿世禄"，主张选贤任能，谁有能力谁就上；经济方面，提出要"尽地力"，废除落后的奴隶制生产方式，采用相对先进的封建制生产方式，要让土地产出尽可能多的粮食等；法律方面，汇集春秋时期的各国刑典，著成《法经》——贯穿了早期法家"不别亲疏，不殊贵贱，一断于法"的法治原则，以法律的形式为改革变法保驾护航；军事方面，建立"武卒"制，对士兵进行考核，对表现优异的士兵给予奖励，根据每个士兵的特长，重新将他们编排分配，发挥军队的最大效能。

李悝进行的是一项伟大革新，尽管困难重重，但他并未退缩。在魏国国君的支持下，变法轰轰烈烈地在全国迅速铺开。可以说，魏国从此走上了富强之路。魏君终于扬眉吐气，让其他诸侯刮目相看。魏国的改革成功，引起了各国竞相效仿，变法图强一时蔚然成风：秦有商鞅变法，齐有邹忌变法，楚有吴起变法，韩有申不害变法……

做出你的改变

一个国家遇到发展困境，就需要变法革新，找到出路。你如果在学习中遇到了瓶颈，再努力都无法提高成绩时，那么，你是否会考虑做出调整，改变学习习惯和学习策略呢？

列子 | 生卒年不详

名御寇，字云。相传战国时期郑国圃田（今河南郑州）人，我国古代哲学家、思想家、文学家、教育家。战国前期道家代表人物。《列子》为后人托列子之名所著。

列子：让思想御风飞行

列御寇在道家传说中算"半仙级"的人物，混了个不太响亮的名头——冲虚真人，是老子之后、庄子之前这段时期的道家学派代表人物。

传说，列子修炼了上乘的"武功"，南华真人庄周用生花的妙笔描写道："夫列子御风而行，泠然善也……此虽免乎行，犹有所待者也。"庄周认为列子要凭虚飞行，必须得满足一定的条件，比如八级以上的大风。在庄先生看来，列子还未达到完全随心所欲的"逍遥游"境界。

列子继承了老子的衣钵，主要钻研"道"，以"道"为本，思考宇宙人生。他认为，"道"即"虚"，即冲虚自然，不偏执不激进，要消除种种执念，让心灵上升到"虚""无"的境界，进而实现人格的完善、精神的自由。

如何才能修炼到自由之境界？列子告诉我们，要从根本上改变我们认知宇宙、理解万物的方法论，不要再执着于"物我""生死""彼此"等显性的区别，因为，"物"与"我"、"生"与"死"、"彼"与"此"的本质都是"道"，是"虚"，没有什么不同，万事万物的本质都是一样的。这些概念可能有点抽象，可以把"道""虚"替换为"原子"或"基本粒子"，意思大约相近。科学已经证明，"原子""基本粒子"仍然是实体存在，不是"虚""无"，只不过我们肉眼看不见而已。

道家人物都是大自然的好朋友，列子也不例外，他崇尚自然，敬畏自然，是最原始的环保主义者。他反对"人类中心"论，认为人类的一切活动必须遵循大自然的运行法则，不能过度消耗物质，要学会与大自然和谐相处。

环境保护与我们的生活

道家可以说是最原始的环保主义者，你还知道道家有哪些环保观点吗？你认为在我们如今的生活中，环境保护具有哪些重要的意义？

鬼谷子 | 生卒年不详

失其名，有说王诩，亦有说王禅，相传战国时期楚国人，著名思想家、谋略家。亦相传因其隐居在云梦山鬼谷，故自称鬼谷先生。《鬼谷子》相传是其作品，但后人经考证，多认为由纵横学派渐次编成。他隐于世外，但知天下事，且运筹帷幄。弟子出将入相，关系列国存亡，推动着历史的走向。

鬼谷子：神秘，并不是他唯一的标签

有人叫鬼谷子？那他一定很酷吧。但是你也许会怀疑——鬼谷子是真实存在的人吗？这不是你一个人的疑问。在中国历史上，鬼谷子是一个神秘又备受瞩目的人物。我们对于他本身的事迹了解甚少，可他的名字却实实在在地出现在史书之中。《史记》中记载苏秦和张仪都是他的学生。通过他的学生，他深刻地影响了战国长达数百年的历史。

鬼谷子的门人弟子众多，个顶个是杰出青年。除苏秦、张仪外，据说战国最厉害的军事家孙膑、庞涓，勇于自荐的毛遂等人均出自他的门下。这些人中，以兵家和纵横家成就最为显著，且最为人所熟知。那鬼谷子的学生成材率为何这么高？这跟鬼谷子的实用主义思想有关，《鬼谷子》不但强调言谈辩论与权谋策略的重要性，还有具体的方法论。

《鬼谷子》开篇便提出"捭阖第一"的理念。"捭"为分开，"阖"为联合。一开一合之间，道尽实用主义哲学之道。捭阖之术是游说诸侯、平衡政治、为人处世的一个重要策略。万事万物都在捭与阖之间，无论是说话做事，还是行为举止，都要做到开合有道，张弛有度。《鬼谷子》第六篇提出：各国之间或联合，或对抗，首先要比较双方长短远近，优点缺点，提出全面计谋，然后可进、可退、可纵、可横，把兵法运用自如，才能成就大业。

苏秦、张仪正是"纵横捭阖"思想的践行者，苏秦为山东（崤山以东）六国提出"合纵"抗秦，张仪则在秦国提出"连横"破"合纵"，他们也因此取得了引人瞩目的成就——苏秦配六国相印，张仪为秦国丞相。司马迁更是在《史记》中浓墨重彩地评价苏秦、张仪："此两人真倾危之士哉！"

语言的魅力

一个成功的纵横家、外交家，往往是"一人之言，重于九鼎之宝。三寸之舌，胜于百万雄师"！你善于说服别人吗？

慎到 | 约前 395—前 315 年

赵国人。战国时思想家,法家代表人物。慎到主张法治,并认为尚法必须重"势"。他把君主的权势看作施行法的力量,这种主张既避免了道家纯粹任自然而不要法治,又避免了法家主张绝对的法治而不必遵循自然,对之后的法家具有启蒙意义。代表作品为《慎子》,现仅存七篇,是否为原作有争议。

慎到：集中权力办大事

慎到一开始其实是主张无为而治的：天下那么大，人那么多，事那么杂，一个君王不可能什么都管。无为而治，百姓自由，官员轻松，君王也逍遥。千古明君尧和舜，就是权力下放的典范，开创了国泰民安的上古盛世。慎到以为寻到了安邦治国的终极密钥，便来到当时的文化第一强国齐国宣讲。齐宣王很客气地请他住进了都城中心的高级府邸，并聘请他为最负盛名的稷下学宫主讲人。慎到每次碰到齐王，都会问他对无为而治可有考虑。齐王总是顾左右而言他，最后实在不胜其烦，便说无为而治已经不适应这个时代了，如今各国君王都力求本国兵强马壮，称霸天下。

慎到无奈落寞地离开了齐国，决定去南方的楚国碰碰运气。半道上，他反刍了齐王的一番话语，恍然大悟：齐王言之有理啊，当今时代礼崩乐坏，天下大乱，与民风淳朴的尧舜时期不可同日而语。一国之君，就是得集中权力办大事啊。于是，他来了个一百八十度的转变，彻底丢掉了无为而治的幻想。

这次，慎到将目光锁定在楚太子身上，太子走哪儿他跟哪儿，甚至太子被交换去别国当人质，他也一路追随，不离不弃。太子当然感动了，即位后（即楚襄王）就将慎到安排在重要的岗位上。慎到对襄王说道：君主如果要实行法治，就必须重视权势，这样才能令行禁止，才能体现法律的权威。重"势"是为了重视法律，君主手握大权也是为了能让法律得到更好的贯彻执行。慎到把君主比喻为飞龙，把权势比喻为云雾：有了云雾，飞龙才能飞得更高；如果没有云雾缭绕，飞龙就成了缓慢蠕动的小虫子。所以，慎到反对儒家主张的"德治"，认为德治不可能做到令行禁止。楚襄王很高兴地采纳了慎到的治国主张，令日渐式微的楚国又中兴了一把，一时成为唯一能与强秦分庭抗礼的大国。

无为而治与贵势集权

每个小家庭都有自己的一套教育管理体系。你觉得家长对自己的管理属于哪一种模式？是无为而治还是威势压服，或是兼而有之？

尸子（约前390—前330年）

即尸佼，晋国人，一说鲁国人。战国时期著名的政治家、"杂家"学派开创者，《汉书·艺文志》著录《尸子》二十篇。尸子是秦相商鞅的老师（一说门客），对于社会改革、宇宙哲学的发展有重大的贡献。

尸子："宇宙"概念由我来定义

尸姓，不常见，你可能会有疑问：尸姓会不会与丧葬、刑狱，甚至杀手有关？其实尸姓源于西周天子的姓氏——姬姓。西周初年，周武王之弟召公一脉族人被分封到今河南省偃师市西的尸乡。东周时期，王室衰微，召公后人为避祸，就地而姓，改姬姓为尸姓。尸子同老子、孔子等诸子一样，也是站在各学派思想巅峰的人物，尸佼在社会观和宇宙观方面，提出了重要观点。

在社会观上，尸子有一句讲述君民关系的名言："鱼失水则死，水失鱼犹为水也！"一语道出普通百姓的重要性。尸子认为"民为邦本"，他说"天子忘民则灭，诸侯忘民则亡"。这种"保民为王"的治国理念，孟子后来做过类似的阐述。据《汉书·艺文志》记载，尸子是商鞅的老师。正是因为有尸子这位"杂家"为师，商鞅得以遍学当时几乎所有学派的思想，这为他在秦国的变法提供了理论基础。

在宇宙观上，尸子在老子提出的"道"、墨子提出的"宇"，惠施提出的"至大无外，至小无内"的基础上，对"宇宙"做出简单明了的概括与定义："上下四方曰宇，古往今来曰宙"，即整个空间就是"宇"，整个时间就是"宙"，在世界上最早定义宇宙由空间和时间构成。这种建立在唯物论与辩证法基础上的宇宙观，为后续研究奠定了基础，所以，连同尸子创造性使用的"宇"和"宙"，也被沿用了下来。

《尸子》一书中还记述了他的生命观，在书中，天神被称为"灵"，地神被称为"祇"，人神被称为"鬼"。"鬼者，归也"，尸子认为人的死亡实际是回归，因为人生于天地之间，不过是寄住而已，终有一天要归去。

学积有生

尸子认为"学积有生"，即学问之道在于积累，更在于创造。你认为学问的积累和创造是什么关系呢？

商鞅 |约前390—前338年

公孙氏，名鞅，前340年，因战功封商，号商君，后称商鞅。卫国人。战国时期法家代表人物，政治家、改革家、思想家和军事家。商鞅的思想逐渐形成一门学派，名为商学派，成为秦国乃至秦朝的思想主流。《商君书》中收入商鞅作品。

商鞅：徙木立信服国人

秦孝公"四顾"商鞅，给自己的子孙后代奠定了称霸天下的雄厚基础。第一次见面，商鞅向孝公讲解帝道，就是三皇五帝那一套治国之道，孝公听了直打瞌睡；第二次见面，商鞅给孝公传授仁义的王道，孝公更不感兴趣了；第三次见面，商鞅直接给孝公上了"霸道"一课，即称霸各国的方法、路径，孝公觉得这还有点意思；第四次见面，商鞅详细地论证了如何革新变法才能达到富国强兵的目的，孝公当时就听得入迷了，随后就对商鞅委以重任，让他在秦国推行基于法家之术的改革政策。

之前秦国也有过多次变法，但都无疾而终。三番五次的折腾非但没有让秦国"发家致富"，反而让民间鸡飞狗跳，老百姓不再信任官府。商鞅决定做一个小实验，重塑官府公信力。

咸阳城南，小广场上人头攒动，议论纷纷。"诸位，请肃静，"一名侍卫扯着喉咙喊道，"这是公孙鞅大人，他宣布只要你们将这根木柱搬到集市北门，这十金便归你们了。"只见不远处立着一根木柱，有三丈高，不过是普通的营造房屋之梁柱，并无奇特之处。

"哼，那些当官的，从来都是言而无信，消遣我等小民寻开心。"围观群众七嘴八舌，一点都不相信。商鞅见状道："诸位不信？那本官将赏金提高到五十金，可有人前来一试？"

这时，一个人站了出来，把柱子扛在肩上向北门进发。他顺利完成了任务，原路返回，见商大人仍坐在原地，等着他回来领赏。商鞅一边发钱，一边掷地有声地说："我大秦官员，言必有信；我大秦法律，必须照章执行。依法治国，是我大秦走向繁荣富强最根本的保障。"经过这次事件，商鞅的变法措施在秦国得到了全面推进。

诚信与法律

在日常生活中，诚信与法律是非常重要的两个概念，你认为二者之间存在什么关系？

杨朱 | 生卒年不详

字子居，战国时期魏国人。伟大的思想家、哲学家，道家学派代表人物。杨朱主张"贵己""重生""人人不损一毫"。其思想史料散见于《庄子》《孟子》《韩非子》《吕氏春秋》等书中。

杨朱："一毛不拔"与"一毫不取"

杨朱认为"拔一毛以利天下，不为也"。乍听之下，你会不会觉得，拔一根毫毛就能够有利于整个天下，这样的事情竟然都不肯做，那杨朱也太自私、太小气，太不像话了！

为了救天下，四处奔波，把腿毛都磨光的墨家大弟子禽滑釐一听这话，跟你的反应一样，气得跳脚，立马跑去质问杨朱："拔先生一根毫毛，来拯救天下，先生会同意吗？"杨朱说："天下不是一根毫毛所能救的。"禽滑釐仍不甘心，追问道："如果能，先生愿意吗？"杨朱没再回答他的问题，也不再理睬他。

禽滑釐以为杨朱被自己问得哑口无言，便挑衅式地环顾四周，却发现杨朱的弟子孟孙阳不停摇头。"你根本没明白先生的意思啊！"孟孙阳接话反击道，"如果打你一顿，然后给你万金，你同意吗？"禽滑釐想也不想便点头说："同意！"孟孙阳又问："如果砍掉你的一条腿，给你一个国家，你同意吗？"禽滑釐张了张嘴，却给不出答案。因为他知道，若他咬牙坚持说"同意"，孟孙阳下面的问题必然是"如果砍掉你的脑袋，给你整个天下，你同意吗？"，这不能同意呀！

见他如此，孟孙阳继续点拨道："与肌肤相比，一根毫毛不算什么；与肢体相比，肌肤又不算什么。但是没有一根根的毫毛就没有完整的肌肤，没有一块块的肌肤就没有完整的肢体。一根毫毛虽然只是身体的万分之一，但是，难道因为它不起眼，就可以不当回事吗？"禽滑釐无话可说。

现在人们常用"一毛不拔"来形容人极度吝啬和自私。其实这是对杨朱思想的断章取义。杨朱的原话是："损一毫利天下不与也，悉天下奉一身不取也。人人不损一毫，人人不利天下，天下治矣。"意思是说：要我损害自己来让天下受益，我不会这样做；要拿天下的东西来满足自己，我也不会拿。如果人人都能做到不予、不取、不贪，则天下不用治理都不会乱！你觉得呢？

墨翟与杨朱

墨子兼爱，强调公权，为了救天下，可以赴汤蹈火；杨朱贵己，维护私权，即便拔一毛救天下，也不干。那你觉得私权重要吗？你认为在什么情况下可以为公权牺牲私权？

申不害 | 约前 385—前 337 年

亦称申子,郑国京(今河南荥阳东南)人。战国时期法家的代表人物,思想家、政治家、改革家。申不害提出的"术治"丰富了先秦法家学派的政治思想,在中国古代政治思想史上占有重要地位。《申子》相传是他的作品。

申不害：以术治国的大法家

申不害原是郑国人，郑国被实力稍强的韩国消灭后，申不害自然就是韩国人了。他积极学习法家的治国之术，并通过自己的努力在韩国为相十五年，算是帝王之师了。他教会了韩昭侯变法革新和管理之术，帮助他成为中兴明主。虽然韩国在战国七雄中排名第七，但却没有被其余六大国欺负过。

申不害主张以法治国，并汲取道家"人君南面之术"加以改造，提出了一整套"修术行道""内修政教"的"术"治方略。在韩昭侯的支持下，申相国首先向侠氏、公厘和段氏三大家族开刀，果断收回其特权，将其财产全部收缴，充盈国库。此举稳固了韩国的政治局面，使韩国实力大增。

与此同时，申相国颁布新法着力整顿吏治，加强考核，"见功而与赏，因能而授官"，即以才干、功劳来任免官员，废除以前的世袭制。为了让官员服从，申相国建议韩国君加强君主专制，比如官员的升迁轮值，得由国君说了算；官员的职级俸禄，得由国君定夺……除了常规的栽培奖赏，君主要经常监督臣子，必要时对他们敲打一番。这些举措有效地提高了官僚的行政效率，使韩国显现出一派生机勃勃的局面。

为了能创造更多的国家财富，申不害鼓励百姓多开荒地，多种粮食。他还出台政策鼓励军备生产、兵器制造。韩国制造的武器在各诸侯国中遥遥领先，当时就有"天下之宝剑韩为众"、"天下强弓劲弩，皆自韩出"等说法。

申不害基于"法""术"的系列改革，大大提升了韩国的综合国力，在他担任相国的十五年间，韩国一直处于和平富强的鼎盛状态。

弱小国家的变法图强

在战国七雄里，韩国相对弱小，但它与其余六国并存了很长一段时间，你认为韩国能与其他强国相抗衡的优势有哪些呢？

孟子 | 约前372—前289年

名轲，字子舆，战国时期鲁国邹（今山东邹城东南）人，思想家、哲学家、政治家、教育家。孟子的主要思想是仁、义、善：在人性方面，主张性善论，认为人生来就具备仁、义、礼、智四种品德；在社会政治方面，孟子突出仁政、王道和民贵君轻；在价值观方面，他强调舍生取义。孟子的哲学思想在唐宋以后影响极大，他被世人尊为"亚圣"，与孔子并称"孔孟"。代表作品为《孟子》。

孟子：人之初，性本善

人之初，性本善……昔孟母，择邻处……这是《三字经》中关于孟子的主要观点及孟母的教育故事的介绍。

孟子的母亲懂得环境的重要性。为了让孟子好好读书，学有所成，孟母决定寻找一处方便求学的栖身之所。先是从靠近墓地搬到了集市附近，又搬到了一个私塾旁边，孟子终于能安心学习了。在这种氛围的熏陶下，在母亲的教导下，孟子敏而好学，学了一身的知识。

孟子心地非常善良，由己及人，他推导出了"人之初，性本善"这一著名论断。他认为"恻隐之心，人皆有之"，善良是一种天赋，是最强大的精神力量，是人区别于动物的第一量标。所以，善良并不是部分崇尚强权的人以为的软弱无能，它可以激发人们积极向善，推动人类文明的发展。基于人性本善的论断，孟子继续推导，一个国家也必须是"善"的，国君要施行"仁政"，才是真正的王道。

孟子跟孔夫子一样，游走于列国，阐述他的仁政亲民的政策措施，可没人相信。人到晚年，他终于回归故乡，回归教育，开办了平民学校，"得天下英才而教育之"。

超凡入圣的孟子，却差一点被明太祖朱元璋剥夺了"圣人"的称号，只因他提出的一句传世名言：民为贵，社稷次之，君为轻。这句话的核心就是"民贵君轻"，即天下百姓的利益要远远大于皇帝个人的利益。孟子这种民本思想，穿越千年，放在今天仍然熠熠生辉。

环境与成才

孟母三迁的故事，说明了外部环境对孩子成才的重要性。在平时的学习中，你认为周边环境对你的影响如何？

惠子 | 约前370—约前310年

即惠施，战国时期宋国人。名家学派的主要代表人物。其著作已佚失，其思想可见于《庄子·天下》篇中列举的十点，即"惠施十事"。除"至大无外，谓之大一；至小无内，谓之小一"外，其余九点，都是论证事物的相对性。

惠子：子非鱼，安知鱼之乐

名家可以说是中国最早研究逻辑的一个学派，门下多是善辩之人。惠施便是这一学派的代表人物，堪称论辩王者。而他论辩的主要对象是道家的庄子，与其他人辩论百战百胜的惠施，在庄子这里却屡屡受挫，所以他总是寻找各种机会期望扳回一城。

一天，惠施和庄子相约在濠水边游玩。当他们逛至濠水上的一座桥时，庄子看到有一群白条鱼在水中嬉戏，于是感慨道："白条鱼结队出游，轻松自在的样子，真是快乐。"惠施闻言立马条件反射般地诘难说："子非鱼，安知鱼之乐？"庄子甚至都没回头看惠施，便反问道："那你也不是我，你怎么知道，我不知鱼儿的快乐呢？"惠施闻听继续抬杠道："对啊！我不是你，所以不能知道你心中所想。但你也不是鱼，你当然也不可能知道鱼是否快乐。"看到惠施上当，庄子微笑着说："好！下面，请我们回到初始的问题上来。你既然认为，你不是我，所以你不知道我。那么，你凭什么肯定我不知道鱼？"

作为名家学派的代表人物，惠施坚持认为"他者之心不可知"，所以鱼儿的心思，人是不可能知道的。可庄子却认为可以通过仔细观察知道"他者之心"，所以他可从白条鱼游动的状态得出鱼很快乐的结论。

惠施与庄子的哲学辩论，史称"濠梁之辩"。在这场辩论中，惠施充分展现了名家的辩论技巧。但是，庄子最后"以其人之道还治其人之身"，成功反击。

二人之间这一场精彩的论辩，对后世的影响非常深刻。现在人们还经常提到"子非鱼，安知鱼之乐"，借惠施经典疑问，反击那些不懂自己内心思想、不理解自己的人。

大与小

惠施说："至大无外，谓之大一；至小无内，谓之小一。"你觉得惠施对大与小的定义精准吗？

庄子 | 约前369—前286年

名周,战国时期宋国蒙(一说为今河南商丘东北,一说为山东东明)人。思想家、哲学家、文学家,道家学派代表人物,与老子并称"老庄"。代表作品《庄子》,又称《南华经》《南华真经》。

庄子：鼓盆而歌任逍遥

道家的几位元老，都被后世百姓当作神仙尊崇。老子是太上老君，列子是冲虚真人，逍遥世外、游戏人间的庄周也被"封"为长生的南华真人。

庄子文章汪洋恣肆、气象万千、幽默生动、想象丰富而又摇曳生姿，可以说道家没有谁的才情比他更高了。放眼先秦诸子百家，也没人可以跟他比文采。庄子用最优美的笔触，把一个个深刻的哲学原理，变得更加浅显柔软，更加和蔼可亲，获得一众"粉丝"。那个把谁都不放在眼里的金圣叹，独独佩服庄子，直接把《庄子》列为"六才子书"的第一名。

《庄子》现存共33篇文章，第一篇《逍遥游》和第二篇《齐物论》，分别提出了庄子思想最重要的两个观点：逍遥无为和万物齐一。后面的31篇文章基本上都是在反复论证这两个观点。庄子提出，一个人只有彻底顺应自然，才能达到逍遥化境。要做到这一切，首先得改变自己的认识论，要悟到万物齐一的基本原理，认识到世间万物没有什么差别，也没有是非、美丑、善恶、贵贱之分。庄子认为万物都是浑然一体的，并且在不断向其对立面转化：齐是非、齐彼此、齐物我、齐生死、齐贵贱。

说到生死，庄子还有一个著名的典故。忽一日，庄子的老伴儿与世长辞。庄子的老对手、老辩友惠施前往庄家吊唁，却没有听见低沉徘徊的阵阵哀乐，而是听见庄子一边敲打着家里的盆盆罐罐，一边含混不清地哼唱着。

惠施很是担心："贤友，你在说什么胡话呢？是不是悲伤过度，失心疯了？"庄子白了他一眼，继续哼道：方生方死，方死方生；方可方不可，方不可方可……万事万物在不断出生、成长，也在不断死亡、消失。人也一样，有生有死，如草木枯荣，是自然规律。

惠子觉得他说得好有道理，一时竟无言以对，恍惚间也参透了生命的本质。

吾生也有涯，而知也无涯

在学校的板报或名人名言宣传角里，很多都写有庄子"吾生也有涯，而知也无涯"这句话，以勉励同学们抓紧时间学习知识。其实，这句话还有后半句"以有涯随无涯，殆已"，你认为这后半句体现了庄子怎样的思想观点？

苏秦 ?—前284年

苏氏,名秦,字季子,东周洛阳人,战国时期纵横家、外交家、谋略家。作品《苏子》今已不存。

苏秦：合纵之术

古人为了前程，读书特别刻苦。有人"头悬梁"，有人"锥刺股"，故事"锥刺股"的主人公便是战国时期的纵横家苏秦。

苏秦从鬼谷子那里学成归来后，一时半会儿找不到理想的工作，便寻思着先回家待一段时间，待时机成熟后再出山。当苏秦兴冲冲地踏进阔别已久的家门时，全家人并不欢迎他，掌管伙食分配大权的嫂子甚至好几天都不给他做饭。

苏秦并没有抱怨家人。他内心很清楚，找不到合适的工作是因为自己所学的专业比较小众，只有博览群书拓宽知识面，把自己打造成一个无所不知的全方位人才，才能在这个群雄逐鹿的年代脱颖而出。于是他焚膏继晷，读书万卷。每当困了累了，他会毫不犹豫地拿起一把小锥子往自己大腿上猛扎，以疼痛来驱赶瞌睡虫。

经过多年的苦读和思考，苏秦琢磨出了一套合纵连横之术。他认为，位于西方的秦国一家独大，东方六国只有摒弃前嫌，团结一心，才能不被秦国吞并。由于东方六国在地图上呈南北纵向之势，这种联合方法被称为合纵之术。而秦国要想称霸天下，最好的方法就是在横向上与东方六国分别达成和解，然后再各个击破，这就是连横之策。苏秦怀揣惊天绝学，先找到最强王者秦惠王，游说秦王采取连横之策一统天下，秦王以时机不成熟为由拒绝了。他于是就采用了第二个计划，让东方六国联起手来对付秦国。他辗转于齐楚燕韩赵魏各国朝堂，让各国君臣意识到秦国的强大和野心。被秦国揍得很惨的六国都觉得苏秦说得对，纷纷授予苏秦相国之位，并临时组成了东方六国联盟，六国的军事行动由苏秦统一安排调度。

合纵六国抗强秦

苏秦合纵六国对抗强大的秦国，六国暂时占了上风，但最终还是秦国笑到最后，你认为秦国打败六国，完成统一大业的根本原因是什么呢？

屈原 |约前 340—约前 278 年

芈姓屈氏，名平，字原，战国时期楚国丹阳秭归（今湖北宜昌）人。哲学家、政治家、爱国诗人，中国浪漫主义文学的奠基人。"路漫漫其修远兮，吾将上下而求索"，屈原的求索精神，成为后世仁人志士所信奉和追求的一种高尚精神。他那深厚执着的爱国热情，以及坚持理想、宁死不屈、追求真理和对现实大胆批判的精神，对后世文人影响深远。代表作品有《离骚》《九歌》《天问》等，收录在刘向辑集的《楚辞》中。

屈原：在奇幻瑰玮的美学世界中行吟

先秦时，荆楚地区，巫风炽盛，处处散发着神秘气息。"仙界"，让人迷醉流连。屈原的很多华丽诗篇，如《山鬼》《湘君》《湘夫人》等，基本上可以视为描写巫师巫女的作品。"若有人兮山之阿，被薜荔兮带女萝"，"帝子降兮北渚，目眇眇兮愁予；袅袅兮秋风，洞庭波兮木叶下"，"筑室兮水中，葺之兮荷盖；荪壁兮紫坛，播芳椒兮成堂"……这些诗句营造出一种神秘、妖异、艳丽、朦胧的仙界气氛。屈原的诸多诗歌，都打破了时间和空间的界限，先人听其陈词，鬼神与其对话，鸾凤任其使唤，虬龙为其驾车，椒兰成堂，芳草为佩，人神一体，异界缥缈，香草美人……充满了神奇瑰玮的想象力。阅读屈原的作品，我们往往会迷失在他营造的奇幻瑰玮的氤氲世界中。

在自传体抒情长诗《离骚》里，屈原说自己是"帝高阳之苗裔兮"。《离骚》一诗不仅仅记述个人生平，同时也记录了屈原大量的哲学思想，如对人性的深刻思考，对自由的无限向往，对自然的崇敬与追求，对人生命运的上下求索……

最能体现屈原求索精神的，是长诗《天问》，在这首诗中，他一口气提出了一百七十多个问题，涉及天文、地理、历史各个领域，可谓包罗万象。这些问题有许多是在他那个时代不可能解决的，也有明知故问的：对许多历史问题的提问，往往表现出他的思想感情、政治见解和对历史的总结、评价；对自然所提的问题，是他对宇宙的探索精神，对传说的怀疑，表现出远超同时代人的宇宙观、认识论。

屈原不只是在笔端描绘一个美妙绝伦的文学彼岸和自由自在的精神王国，在现实的工作中他也力图打造"美政"，一扫朝堂钩心斗角、蝇营狗苟的壅蔽气象。但屈原的改革设计没有考虑到人情世故和既得利益集团。最终，在一片反对声中，屈原期待的政治乌托邦究竟还是流产了，他也将自己"放逐"，终日行吟在唯美的巫山之麓、湘水之畔。

《天问》中的宇宙观

我国火星探测器"天问一号"以及首个空间站实验舱"问天"，它们的名字都源于屈原诗歌《天问》。

公孙龙 │ 约前 320—前 250 年

传说字子秉,赵国人。战国时期哲学家,名家代表人物,著有《公孙龙子》。公孙龙强调"名"是绝对的、恒久不变的。与人辩论时,常常对别人肯定的加以否定,对别人否定的又加以肯定。

公孙龙:"白马非马"之辩

白马是马吗?你肯定会说是,不仅白马是马,黄马、黑马、花马都是马。可名家的代表人物公孙龙却说"白马非马"。

战国时期,赵国曾因瘟疫损失了大量马。为防止瘟疫扩散到秦国,秦王便下令:"不允许赵国的马由函谷关进入秦国!"一天,赵国平原君的门客公孙龙奉命出使秦国。来到函谷关时,守关的官吏说:"你人可以入关,但马不行!"公孙龙闻言微笑着说:"白马不是马!"关吏一听,立马火冒三丈:"白马就是马!"不想,公孙龙毫不退让,并大声问道:"那我公孙龙是龙吗?"

守关官吏听了这个问题都愣住了,公孙龙便抓住机会给他好好上了一堂关于"名与实"的逻辑课——"白马"和"马",其实是两个概念!"马"指的是这种动物的形体和形象;"白"是指一种颜色,"白马"既强调了颜色又强调了形体,二者不一样,所以"白马非马"。比如我要一匹马,你牵过来的可以是一匹黄马,也可是一匹黑马;但如果我要的是一匹白马,你就不能牵一匹黄马或者黑马给我!一定是要一匹白马。这不就是"白马非马"吗?再说"马"这个词并不涉及任何颜色。因此,我要马,你有黄马或黑马,都可以回应说"有";但假如我要的是"白马",黄马、黑马都不能对应白马,你就只能回应说"没有"。"白马"不等同于"马",所以"白马"不是马!

函谷关守关官吏,被公孙龙的一套"白马非马"之说弄得晕头转向,只好让公孙龙牵着他的白马入关了。

从公孙龙的"白马非马"论,你可以清楚地看到,"名家"的哲学思想,以分析思维为主,强调名与实、语言与命题之间的逻辑关系。对"形象之外"和"形象之内"是加以区别的——"形象之外"是"名"、"形象之内"是"实",以求达到表达清晰、准确的目的。

矛盾的普遍性与特殊性

有人说,"白马非马"夸大了马的个性,否认了马的共性,违背了矛盾普遍性与特殊性的辩证统一关系。现实生活中或网络上,你是否也遇到过同样的争论呢?你是怎么思考和应对的呢?

张仪 ?—前309年

战国时期魏国人，政治家、外交家、纵横家。张仪两任秦相期间，采用连横之策分化合纵之策，蚕食列国，攻克巴蜀，使秦国疆域几乎扩大了一倍，为秦国最终统一天下奠定了坚实的基础。代表作品有《张子》十篇（今亡佚）。

张仪：连横之策

张仪，名门之后，从小就听上一辈人反复宣讲家族荣光，于是暗暗自勉：我要努力奋斗复兴张家荣耀。

张仪不仅学业出类拔萃，辩论能力也是一流。在辩论场上，他舌战群雄，所向披靡，"于万军丛中取敌将首级"。战国时代，游说之风吹遍各国。张仪觉得是时候展示自己的游说实力了。他前往的第一站是楚国。虽未得见楚王，但运气不错，在令尹（楚国最高官职）府里以门客身份暂居下来。张仪那卓尔不群的才华很快就引起了楚国令尹昭阳的注意，甚至受邀出席昭阳举办的一场高级别家宴，参加者均为楚国的达官显贵。张仪做好了充分准备，打算在晚宴上一鸣惊人。

殊不知，本以为的人生高光时刻却变成了至暗时刻。酒席过半，昭阳突然发现楚王赏给他的和氏璧不见了，张仪自然成了第一嫌疑人，只因他身份低微。于是，他转眼由座上宾变成了"小窃贼"，在挨了一顿毒打后被逐了出去。

张仪狼狈不堪地回到家中，妻子心疼地说道："你读书多、口才好有什么用？还不是被打得这么惨，不如回到乡下种那二亩五分薄田。"张仪也不辩解，急忙张开嘴巴，让妻子看看他的舌头还在不在，有没有被打得稀巴烂。妻子没好气地说："好着呢。"张仪立马满血复活："只要三寸之舌不烂，我就有东山再起的本钱。"

此后，张仪一路辗转来到秦国，献上了连横之策，即使用各种手段分化瓦解六国联盟，各个击破，分别与六国达成和解，终于让秦国走出了"外交"困境。张仪因此被秦王任命为相国。在职期间，他用出色的外交手腕，把楚国玩得团团转，连本带利地报了当年的一箭之仇。

口才与功业

张仪凭借出色口才走上人生巅峰，你认为口才在现代人的工作生活中有什么样的作用？

性本恶

人之初

荀子 | 约前313—前238年

名况，字卿，战国时期赵国人。儒家学派的代表人物，著有《荀子》一书。荀子反对孟子的性善论，首倡性恶论。荀子还是一名杰出的唯物主义思想家，认为"天行有常"，宇宙存在着不以人们意志为转移的规则，所以人们应"制天命而用之"，可以利用自然、改造自然。

荀子：人性本恶吗

提起儒家大家，我们更多想到的是先秦时的孔子、孟子、曾子等，两宋之后的程颢、程颐和朱熹等。其实论资历、论理论、论学识、论贡献、论影响、论作品、论学生……荀子都堪称儒家三大圣之一。我们熟知的"不积跬步，无以至千里；不积小流，无以成江海"就出自他的《劝学》，"天行有常，不为尧存，不为桀亡"就出自他的《天论》……那为何我们对荀子好像印象不深？这可能跟荀子的"性恶论"和他的两个学生有关。

自从孔子办学以来，"仁、礼、善"便一直是其办学理念，到孟子时，他更是写下"人之初、性本善"六个大字，并在"性本善"三字下面画上波浪线，以示强调——人性向善，就好像水往低处流一样。水只可能因环境、形势所产生的外力才会逆流，这不是水的本性。人也一样，是受到外力的逼迫才变坏。可到荀子时，果断将画有波浪线的"性本善"的"善"字擦掉，改成了"恶"，并画了个圈将"恶"圈了起来，以示强调——如果人人都善良，那恶人从何而来？人性本恶，就像水往低处流一样。水只可能因环境、形势所产生的外力才会逆流，这不是水的本性。人也一样，是受到外力的约束才向善。虽然荀子说得很有道理，可"性恶论"很不中听，感觉每个人一出生就是刁民，不利于统治和管理，于是被官方刻意封杀。

孔孟说人人皆善，所以只需讲"礼"就好；荀子说全员皆恶，必须依靠外力来管束、改造、规范，否则将天下大乱。于是，荀子在"礼"的地基上，添加了"法"这个框架。此后，历朝历代都将"外儒内法"奉为治国圭臬，即表面上用"仁"和"礼"引导社会风气，实际上用"刑"和"法"来治理国家。所以，在战国后期，两位法家代表人物——理论派的集大成者韩非、实践派的谋士权臣李斯，皆出自荀子门下，就一点儿也不让人意外了。

"性本善"与"性本恶"

你认为"人性本善"，还是"人性本恶"？"目好色，耳好声，口好味，心好利，骨体肤理好愉逸"，面对欲望，比如沉溺游戏、厌恶劳动，你觉得用"礼"引导好，还是用"法"威压好？

邹衍 | 约前305—前240年

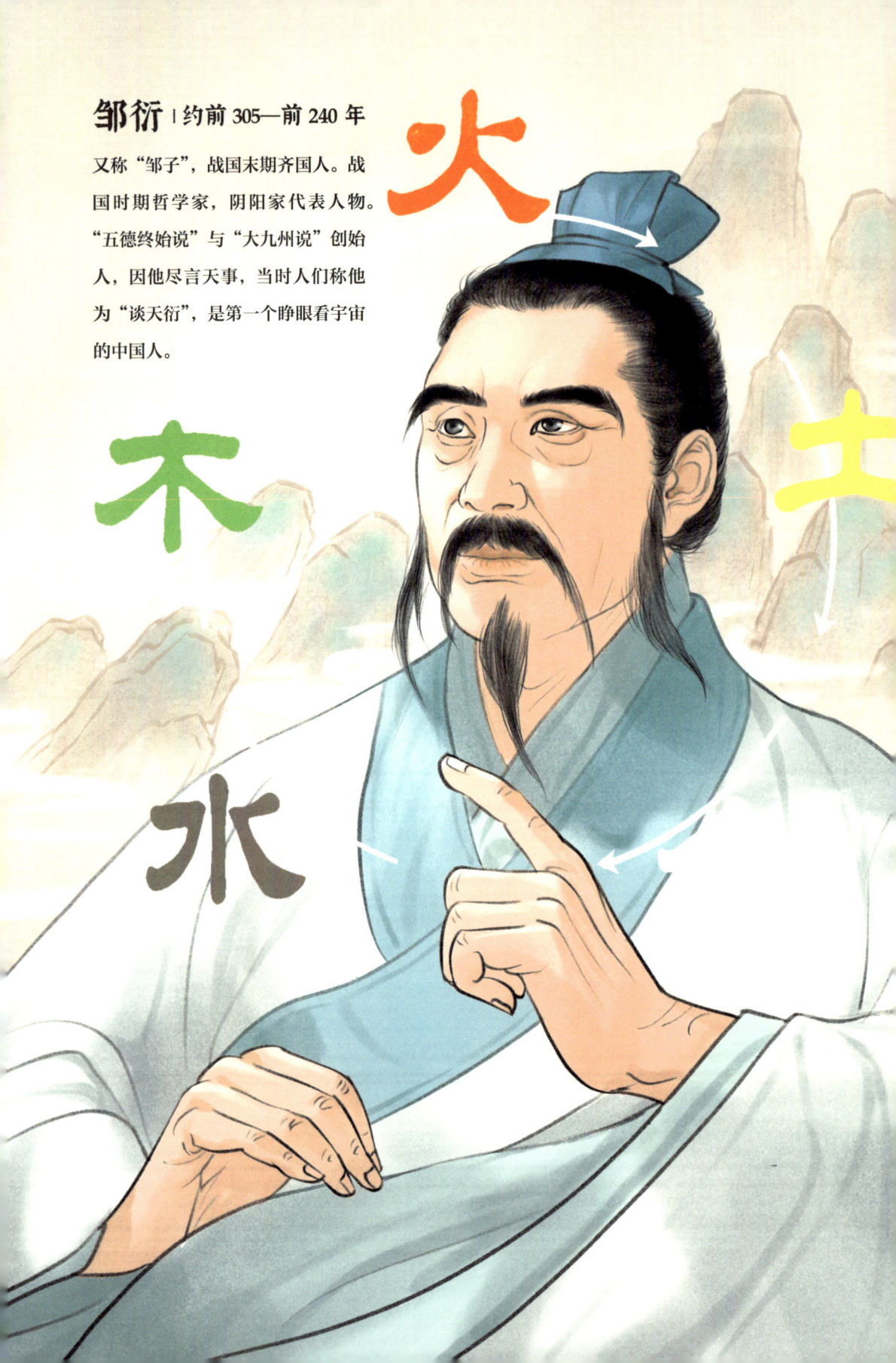

又称"邹子",战国末期齐国人。战国时期哲学家,阴阳家代表人物。"五德终始说"与"大九州说"创始人,因他尽言天事,当时人们称他为"谈天衍",是第一个睁眼看宇宙的中国人。

火

木

土

水

邹衍：战国第一学术偶像

你认为诸子百家中哪位"学术偶像"最受各国的重视？孔子？可当时，孔子带弟子周游列国，经常遭受冷遇，有时连三餐都不能保证。墨子？欢迎墨子的只是那些被欺压的小国，毕竟墨子主张"非攻"，善守城。老子？好像也不对！欢迎老子的只是秦国守关的关令尹喜。孟子？不对不对！孟子见梁惠王时，梁惠王开口便问："老头儿，你不远千里而来，有什么对我的国家有利的高见？"孟子回复："大王，何必开口就谈利，要谈就谈仁义！"结果两人很快就谈崩了。法家的待遇好些，商鞅、慎到、申不害、韩非、李斯，但他们也只是在其中一国"红极一时"而已。

但邹衍不一样。到魏国，受到魏惠王隆重郊迎。这个魏惠王就是后来迁都大梁，见孟子的那位梁惠王。到赵国，平原君侧身陪行，亲自为他拂拭座位。到燕国，燕昭王亲自为他在前面扫尘，执弟子礼，听他讲学。邹衍在齐国稷下学宫讲学，都被司马迁誉为"稷下诸子之首"，并在《史记》中称"邹衍之术，迂大而闳辨"。

各国君主之所以看重邹衍，是因为他们都想从邹衍的"五德终始说"里，得到"天命在我"的认证，从而代周而行。

邹衍参照自然界五种主要物质金、木、水、火、土"相爱相杀"的规律——金克木、木克土、土克水、水克火、火克金，提出"五德终始说"。认为人类社会的发展变化，就同自然之物的新旧更替一样，都是按照五行之德相生相克的次序循环往复。所以朝代更替是必然的，历史上每一个王朝的出现都不是偶然。各国只需要按照德行兴衰顺势而为，就能时刻处于顺利之中。

按邹衍"五德终始说"的推演：黄帝之时属土德，夏朝属木德，木克土；商朝属金德，金克木；周朝属火德，火克金。那"代周而行"的必然是克火的"水德"！秦始皇迷信五德学说，在统一六国的过程中，就将秦文公曾猎获黑龙作为水德兴起的符瑞，对秦国进行了一系列符合水德要求的改革，并最终代周而行。

奉天承运

从秦到清，历代帝王都称自己是"奉天承运"，承受"五德"转移的时运。你是怎么理解的？

吕不韦 ?—前235年

卫国濮阳（今河南濮阳西南）人。战国末年政治家、思想家。吕不韦组织门客编写的《吕氏春秋》一书，涵盖哲学、史学、政治、道德、天文、地理、农业等内容，是杂家的代表著作。

吕不韦：汇集诸子百家思想的《吕氏春秋》

吕不韦的经历可用奇货可居、一字千金来形容。吕不韦早年往来各国做生意，后来在赵国遇见落魄交困的秦国人质——秦国王孙异人。吕不韦看出异人是"奇货"，若对他进行投资，自己的利润回报将难以想象。吕不韦拿出多年经商获利的一千金家底，五百金用于改善异人的生活，并对其进行改造；另外五百金则用于打通秦国高层，将异人列为第一王位继承人。后帮助异人回到秦国，并顺利登基为秦王。他对异人的投资回报便是成为战国最强大的秦国的丞相。

成为秦相后，吕不韦花重金组建了数量庞大、质量上乘的门客团队，来收集、整理当时道家、名家、法家、儒家、墨家、农家、兵家、阴阳家等流派的学术思想，并编撰《吕氏春秋》一书。为彰显自己的功绩，他命人把书稿抄写在布匹上，挂在咸阳城最大的城门旁，并许诺谁能修改一字，就赏赐千金。吕不韦"一字千金"求改《吕氏春秋》，其效果仅次于商鞅变法时的"徙木立信"。

吕不韦靠着大商贾的风险投资与运营手段，一飞冲天。大权在握后，却重农抑商，极力推崇农业立国。《吕氏春秋》第二十六篇第三节《上农》便认为：百姓务农，行为单纯朴实，便于管理，而且百姓务农后，财产复杂多样，就不会轻易迁徙，因此，国家遭难时，农民不会弃置不顾，便能死守家园国土；商人则自私奸诈，事事算计，而且他们的财产变现简单、易于转移，因此国家危难时，商人往往置国家于不顾，溜之大吉。因此，国家"士农工商"四大人群的顺序不能乱，否则就会本末倒置，导致国家的覆亡。

国之根本

有人说，一个国家"无士不兴，无农不稳，无工不强，无商不富"，你知道"士农工商"在一个国家发展中各自的作用吗？

韩非 | 约前 280—前 233 年

战国时期韩国人。法家学说集大成者，著有《孤愤》《五蠹》《内储说》《外储说》《说林》《说难》等文章，后人收集其作品并整理编纂成《韩非子》。其学说为中国历史上第一个中央集权制国家的诞生提供了理论依据。

韩非：帝国崛起"法术势"

韩非，韩国贵族公子，师从儒学大师荀子。开始学的是儒学，后来却成为法家代表人物。同样另类的，还有他的同学李斯。

韩非学成回国就业时，发现韩国正大力发展娱乐产业，对法律人才不重视，于是把大把时间花在创作上，著有《孤愤》《说难》等十余万言，成为先秦诸子中作品产量排名第一的作家。韩非因此有了一众读者，其中一位疯狂地想见他，竟然不惜派兵围攻韩国，在将韩非收入麾下后，却又不珍惜，竟然放任韩非的老同学李斯谗害韩非。不用猜，这个疯狂的读者，便是秦王嬴政。

嬴政之所以认为韩非是个人才，而且是百年不遇的特级人才，是因为他读了韩非的政论文章《孤愤》《五蠹》。战国末期，大争之世，各诸侯国如何才能胜出？韩非认为："上古竞于道德，中世逐于智谋，当今争于气力。"即上古之世，人们比拼的是道德；中古之世，人们比拼的是智谋；当今乱世，人们比拼的却是力量。谁的力量强，谁就能得胜。

那如何才能成为力量最强者？韩非写下三个大字——法、术、势。"法"是国家颁布的法令制度。法令统一，遵守就赏，违反就罚。但无论赏还是罚，决定权都必须牢牢掌握在君主一人手中。"术"是君主控制和驾驭臣下的权术，包括任免、考查、奖惩，以及生死予夺。而且君王应当将这套驭下之术谙熟于心，让臣子猜不透君主的想法，唯有如此，君主才能牢牢地控制臣下。"势"是君主的权势、威势。君主要有威严才能服人。如同虎豹之所以令人畏惧，是因为它们有锐利的爪牙，而"势"，就是君主的爪牙，是统治者无形无相却威力无边的武器。

秦王运用韩非的思想治国，最终他一统天下。

法家思想与依法治国

　　先秦法家思想更多的是一种服务于封建君主的权术，与现代社会依法治国的法治思想存在本质区别，你能否试着说说它们之间的区别？

李斯 ?—前 208 年

战国楚国上蔡（今河南上蔡西南）人。法家代表人物，他的《谏逐客书》被誉为中国古代说理公文范本。他以法家的加强君主集权专制思想为指导，建议秦始皇废除分封制，实行郡县制。后又提出统一文字、法律、货币、度量衡和车轨等大一统建议。

李斯："老鼠哲学"开启的命运齿轮

李斯是一个爱思考的人，就连蹲厕所时，也喜欢思考人生。他的这个习惯改变了他的一生，也在某种程度上改变了中国历史的进程。

那时候，李斯还是楚国上蔡郡看守粮仓的一名小吏，每日工作轻松。无事之日，他常常牵着家里的土狗阿黄，带上两个年幼的儿子，出上蔡东门，于野外追逐狡兔。一天，正在上班的李斯，因吃坏肚子而内急，他三步并作两步，冲进吏舍里的公厕，结果把公厕中的老鼠吓得四散奔逃，有几只老鼠甚至被跟进来的阿黄追得瑟瑟发抖。李斯倒是很淡定，一边清空肚腹，一边哀叹起那几只老鼠来："食不洁，近人犬，数惊恐之。"随即，李斯又想起自己所管粮仓中的老鼠，却是："食积粟，居大庑之下，不见人犬之忧。"

经过苦苦思索，见微知著，由鼠及人，李斯悟出了他立身处世的"老鼠哲学"：一个人有没有出息，就像这两群老鼠一样，是由所处的环境决定的！从此，李斯立志要做一只天下最大的"老鼠"！

随后，李斯辞去职务，师从荀子学习"帝王之术"。学成之后，立即奔向秦国。先后被丞相吕不韦和秦王嬴政所重用，特别在秦灭六国统一后，任丞相的李斯协助秦始皇改分封制为郡县制，明法度、定律令——书同文，车同轨，量同衡，行同伦，从而使中央集权得以加强。

然而，在位极人臣后，李斯患得患失，特别是在始皇帝出巡山东，于沙丘驾崩后，李斯为保住丞相之位，与赵高一起篡改始皇帝遗诏，逼迫公子扶苏自杀，立胡亥为二世皇帝，史称"沙丘之谋"。此后，为了保住自家的荣华富贵，坐视赵高与秦二世残害忠良。最终，李斯被赵高诬陷谋反，惨遭腰斩，被灭三族。

你看，李斯的"老鼠哲学"让他成功实现了人生逆袭，可他最终又因"老鼠哲学"而身败名裂，起点亦终点。那他的"老鼠哲学"是好还是坏？你有你的立身处世哲学吗？

没有间断的中华文明

中华文明是唯一延续至今而从未中断过的文明，那你觉得"书同文，车同轨，量同衡，行同伦"在其中起到了什么样的作用？

董仲舒 前179—前104年

广川（今河北景县西南）人，西汉思想家、政治家。他提出"天人感应""三纲五常"等重要理论，其学说以儒家宗法思想为中心，杂以阴阳五行说，把神权、君权、父权、夫权贯串在一起，形成帝制神学体系。代表作品有《天人三策》《士不遇赋》《春秋繁露》等。

董仲舒：罢黜百家，独尊儒术

董仲舒自小智商极高，又勤奋好学，留下了"三年不窥园"的勤学佳话。小时候，他的书房紧邻后花园，但他的视线一直都固定在书本上，从来没往后花园那边瞟一眼，三年过去了，他都不知道后花园是什么样。

执着于读书的董仲舒年纪轻轻就当上了博士（掌管图书），也算朝廷命官了。他乃孔夫子的忠实拥趸，一直梦想要将儒家学说发扬光大，于是他在给皇帝的奏章中表示：当今社会，思想混乱，人心涣散，大家的心不往一处想，劲儿不往一处使，国家怎么壮大？要快速扭转这种不利局面，就得统一思想，而儒家学说，正是最佳的"武器"……正与匈奴打得焦头烂额的汉武帝眼前一亮：好，这主意不错！老百姓的思想越统一，朝廷的管理效率就越高！皇帝便下诏吩咐全天下的学生，从今天起只需学习儒家课程，以五经为教材。这就是"罢黜百家，独尊儒术"。汉武帝和董仲舒都没想到，他们的这种治国模式，竟然影响了中国政体将近两千年。

董仲舒接下来又向汉武帝宣传他的最新学术成就——天人感应。他认为，天和人相类相通、相互感应。一个人不管是做了好事还是坏事，上天都能够感受得到。尤其是做了坏事，上天的反应是很强烈的，会制造出大动静，如以罕见的大气现象或地质灾害作为信号，来警示当事人。君主作为上天的儿子（天子），更应"法天"行德政，不能倒行逆施，让黎民百姓陷于困顿之境。

后来，辽东的高帝庙发生火灾，董仲舒在家中写文章，用灾异观念解释火灾原因。结果有人把文章偷走并呈到了汉武帝面前。汉武帝看后很不高兴，将他撤职下狱，但不久又赦免了他。从此以后他再也不公开谈论灾异之说了。

天人感应与墨菲定律

你在做了不太好的事情之后，心中是否会有一阵不祥的预感？这种不祥的预感是否就是天人感应呢？天人感应跟现代人提出的墨菲定律有没有相似之处？

司马谈 ?—前110年

夏阳（今陕西韩城南）人。著名史学家司马迁之父，西汉时期历史学家、思想家，他是第一个分析梳理春秋战国以来重要学术流派的学者。代表作品为《论六家之要指》。

司马谈：为诸子百家立传

司马谈早年间四处求学，既研习黄老（黄帝与老子）之术，又参学《易经》八卦，积累了大量文化知识。当然，他读得最多的还是儒家经典。成年后他有幸入朝为官，当上了太史令。太史令，专门掌管天文历法，以及搜集记录保存典籍等工作。

司马谈曾立志要撰写一部"中国大历史"，试图将有文字记载以来的中国历史重新编撰，让中国人把自己的文化源流和精神血脉了解得清清楚楚、明明白白。然而每次动笔的时候，都被意外的工作安排打断了思路。直至临终，他都未能完成自己的宏愿。怎么办？幸运的是，他有一个成器的儿子。

司马谈在人生的最后时刻，把儿子司马迁叫到病榻边，语重心长地说："我们家呀，从周天子时代就世代为王室太史，虽然俸禄不是太高，权力也很有限，但先辈们精研天文历法，收藏文明典籍，为文化建设做出了巨大贡献。这份祖业，今儿个就传给你了，你要肩负起为家族争光、为国家尽责的重担。今后你要专心编史书，要让吾国吾民知道我们是谁，我们从哪儿来，我们又将到哪儿去……"司马迁怎能不懂父亲的遗愿？后来，他果然写出了"史家之绝唱，无韵之离骚"的鸿篇巨制《史记》。

司马谈虽然没能完成中国大历史的创作任务，但他为诸子百家之阴阳家、儒家、墨家、法家、名家、道家等六家做了个小传，系统梳理了六大家各自的哲学要义、主要观点及代表人物，公平公正地指出了各家各派的优点及缺点。这就是其名篇《论六家之要指》，它极具学术价值，不仅为司马迁给先秦诸子作传以重要的启示和借鉴，也为西汉末期名儒刘向、刘歆父子给先秦诸子分类奠定了基础。这篇字数并不多的小论文，至今仍是学者们研究先秦思想流派的珍贵文献。

父辈的心愿

你是否也会继承家族或父母的理想和抱负？

扬雄 | 前53—后18年

字子云,蜀郡成都(今属四川)人。西汉著名文学家、哲学家、经学家,著有哲学作品《太玄》《法言》等,是中国无神论思想家的引路人,魏晋"玄学"的启蒙人。

扬雄：追求理想如射箭

你擅长作文吗？你在作文时，会不会先参考同类型的佳作，经过学习、思考、总结后再动笔？也许是口吃的缘故，扬雄著述就好模仿，久而久之成为一位百科全书式的人才。王安石赞他"儒者陵夷此道穷，千秋止有一扬雄"，杨慎诗云"何时一棹穿巴峡，得就扬雄问太玄"。

青年时期学作赋，他模仿司马相如，作《甘泉赋》《羽猎赋》《长杨赋》……扬雄特喜欢屈原的辞赋，读罢《离骚》，不禁潸然泪下，但他不赞成屈原投江的举动，认为做人应该能屈能伸。本着"我喜欢你，但我更要反对你的决定"的精神，他遍摘《离骚》"金句"，并处处反驳其意，作《反离骚》后，将其投之汨罗江，以此来祭奠自己的偶像，表达敬意。

中年以后，扬雄立志做思想家。他模仿《易经》作《太玄》，这是一本无神论著作。扬雄认为"玄"是宇宙万物的根源和运行规则——"夫玄也者，天道也，地道也，人道也"。这种宇宙观，远超时人的认知，以至于当时的大学者刘歆都挖苦说："现在的人，连《易经》都看不懂，更何况你的《太玄》呢？你这本书啊，恐怕将来只能用来盖咸菜缸了。"

他模仿《论语》作《法言》，主张"人之性也，善恶混，修其善则为善人，修其恶则为恶人"，强调人的本性中有善有恶，你最后成为善人还是恶人，完全取决于自己的理想与修行。他还提出具体达成理想的方法论："修身以为弓，矫思以为矢，立义以为的，奠而后发，发必中矣。"意为只要不断加强修养，端正思想，并将"义"作为确定的目标，再付诸行动，就能实现理想。

"一分为二"的哲学思维

扬雄在《逐贫赋》中通过自己与贫儿诙谐幽默的对话，深入地讨论了"贫穷"对一个人的影响。你会这种"一分为二"的哲学思维吗？你的脑袋里是否经常有这样两个小人在争论？

刘歆 ?—23年

字子骏，后改名秀，字颖叔。西汉沛（郡治今安徽濉溪西北）人。汉代经学家、校雠学家、目录学家。刘歆在经学史上做出了重大贡献，打破了今文经学对儒学的垄断，开启了古文经学的发展道路。代表作品有《七略》等。

刘歆：古文经学的开山祖师

儒家经学大师刘歆，出身高贵，先祖乃刘邦的亲兄弟楚元王，父亲乃一代文宗刘向，好朋友是新朝皇帝王莽。其个人成就亦多面开花：文学方面，收集整理了古代奇幻文学代表作《山海经》；科学方面，发明创造了圆柱形量器，还推算出圆周率为3.1547，后世称为"刘歆率"，在两千年前这是相当精确的数学大发现了；仕途方面，他先后任侍中大夫、奉车都尉、光禄大夫、京兆尹，封红休侯，最后擢升为位极人臣的大国师。

西汉末年，经济疲软，民不聊生，贪腐横行，乱象丛生……天下急盼一位能够挽狂澜于既倒，扶大厦之将倾的千古明君，刘歆放眼皇室，认为没一个能担起天下重任的了，只有外戚王莽是天选之人：揽大权而不骄，享富贵而不奢，谦卑恭谨，忠心耿耿，能力超拔。他认为王莽当了皇帝，一定会让全天下百姓过上丰衣足食的美好生活，所以他在注解经书的时候极力鼓吹禅让制，为王莽上位大造舆论。刘歆的血脉反叛也是有回报的，王莽称帝后，封他做了大国师。

刘歆一生最重要的成就是开创了古文经学。据传，始皇帝焚书坑儒之际，有部分儒生偷偷把所藏经典深埋于地下，保护了文脉。秦亡以后，这些地下书简陆续被发掘，引起了文化主官刘歆的高度重视，他组织大量人力物力财力，研究、保护这些来自一百多年前的古代文物，在此基础上，逐渐形成了古文经学这一重要的学术流派。而那些依靠幸存的儒生背诵记录下来的儒学书籍，被称为今文经典，由于记忆的偏差，它们存在着大量的讹误之处。与今文经典相较，古文经典更加准确，更加权威。因此，刘歆为中华文明的赓续传承做出了巨大贡献。

刘歆与《山海经》

刘歆编辑整理的《山海经》，充满了匪夷所思的奇幻想象，非常有趣，少年鲁迅是它的狂热"粉丝"。那你喜欢吗？为什么？

王充 | 27—约 97 年

字仲任，会稽上虞（今浙江绍兴市上虞区）人。东汉时期唯物主义哲学家，无神论者，著有《讥俗》《政务》《养性》《论衡》等。《论衡》一书其八十五篇（佚失一篇），二十多万字，分析万物的异同，探讨宇宙运作、传染病起源、农业虫害起源等科学问题，是中国历史上重要的思想著作。

王充：无神论者

生活贫困，无钱买书，少年王充便经常逛书店看书。一般他会选择洛阳闹市中的那家书店，因为它的书品种多。在此，王充博览群书。王充看书不是死记硬背，照单全收，而是开动脑筋，去伪存真。

一天，王充在一本书上看到磁石与铁能相互吸引。他一下明白在闹市里招摇撞骗的人为什么能用一把戒尺、一尊神像，请得"神像算命"——好事神像会频频点头，坏事神像则不动如山。原来，神像的头部有铁块，而且头可以动。戒尺一头是铁，另一头是磁石。骗子要神像点头，便握铁质的一端，使磁石吸引神像头动，反之神像头则不动。

王充好读书、勤思考，继承了先秦唯物主义者提出的天地万物由物质性的"气"和"五行"构成的学说，并提出"元气自然"的唯物主义自然观——"元气"是构成天地万物的原始物质，是宇宙的本原。而"气"的属性是"自然"，无生无死无始无终。所以，天和地都是无意识的物质实体。那么"元气"又是怎么生出万物的？王充认为"天地合气，万物自生；犹夫妇合气，子自生矣"，"天覆于上，地偃于下，下气蒸上，上气降下，万物自生其中间矣"。这是不是相当于热空气上升，冷空气下降的"空气对流"学说。

王充的无神论观点，是对当时谶纬迷信的有力驳斥，在我国哲学史上具有重要意义。不过，他的无神论在逻辑上还有一些缺陷，直到南朝范缜时才得以解决。

世界的本原

世界的本原，王充认为是元气，泰勒斯认为是水，德谟克利特认为是原子……自然哲学家是用理性的思考来探寻万物的本原，那你知道他们是如何得出各自的结论的吗？

郑玄 | 127—200 年

字康成，北海高密（今属山东）人。东汉末年儒家学者，两汉经学之集大成者。在长期的学术研究和教学实践中，郑玄提出了"以学为本，化民成俗"的教育社会观，"始生之性皆正直""教则进之"的人的发展观，还总结了"践履""渐进""心解与启发"三条教学原则，以及重视训诂、善用问答、因材施教的教学方法。

郑玄：专注于学术的经学大家

快过年了，十一二岁的小郑玄跟着母亲去看望外祖母，亲戚们都在闲话家常，有的在打听各家孩子的学业如何，有的在炫耀这一年的收获……满腹经纶的小郑玄却不发一言。母亲觉得不能被人看轻，便督促他出场显露点才华，小郑玄却说这些庸俗场面"非我所志，不在所愿也"。

虽然郑家祖上也是世家望族，但传到郑玄父亲郑谨一代时已是普通农民了，家庭条件一般，只能勉强供小孩上学。走亲戚也只能穿着朴素的粗布衣衫。还好，郑玄根本不在乎这些浮华的外在形象，凭着自己的聪颖天资，一心向学。

由于家里实在没有更多的钱财供他一直读书，于是18岁的郑玄不得不中断学业，去官府求职以挣钱养家。不久，他遇到了一生的贵人——太守杜密。杜太守见他才华横溢，便擢升他为吏录，方便他学习和深造。这段时期，郑玄系统学习了《易经》《公羊春秋》《三统历》《九章算术》等经典，而立之年时，他在山东（崤山以东）已经坐上了学术界的头把交椅。

但郑玄越学越觉得自己无知，学海无涯嘛。当山东已无人可求教时，他就跑到关中去拜当时最著名的经学大家马融为师。不过，郑玄投其门下后，三年都没见到老师一面，只能听听师兄们讲课。有次马融和一众弟子利用浑天仪演算，但一直没算明白，正一筹莫展之际，有人说郑玄精通术数，于是就把他叫来。郑玄略一沉吟，转动算具，很快就给出了解决方案，自此郑玄深得马融器重。郑玄毕业时，马融说："郑生今去，吾道东矣！"意思是他的经学思想一定会通过郑玄的传播在崤山以东发扬光大。果然郑玄不负众望，将数十年所学融会贯通，集两汉经学之大成，独创了新的经学门派——郑学。他对古代经典的注释共百万多字，长期被作为官方教材，源远流长。不难看出，一个人要想有所作为，首先得不驰于空想，不骛于虚声，专注于学业，不被外界环境干扰。

不驰于空想，不骛于虚声

青少年学习文化知识，要摒弃那些不切实际的幻想，拒绝追名逐利的虚荣，一步一个脚印。那么，你认为虚荣是一种对我们成长绝对不利的陋习吗？

仲长统 180—220 年

字公理,山阳郡高平县(今山东微山县西北)人。东汉末年思想家、政治家、哲学家、文学家,著有《见志诗》《昌言》。他主张"人事为本,天道为末",是"否定宗教神学统治地位"第一人。

仲长统：遗世独立的唯物主义者

很多人觉得仲长统是穿越到东汉的现代人，因为他思想超前，从他所探寻的一些难题上能看出现代社会的影子。思想一直处于"叛逆期"的仲长统是一个鹤立鸡群的早期唯物主义者。

仲长统少时即"好学，博涉书籍，赡于文辞"，标准的大学霸。他出身于中小地主家庭，在二十岁时外出研学，踏遍青、徐、并、冀四州，看到了动乱之下的百姓疾苦，触目皆是"白骨露于野，千里无鸡鸣"的惨象。于是他决定做一个现实社会的批判者。

有人觉得他崇尚老子，推崇"避世之学"，其实他只是超脱世事、放浪形骸；有人说他"性倜傥，敢直言，不矜小节"，明明才华横溢却屡次称病拒绝州郡入职邀请，自言名不长存，人生易灭。其实他只是不想跟那些贪官污吏当同事而已。其实在他的内心深处很渴望"治国平天下"，所以后来面对尚书令荀彧发出的邀请，他欣然上岗，曹操邀请他做军事参谋也去了。他还写了十多万字的论文，论说治理天下之得失。

仲长统研究了汉末社会危机的根源，他认为统治与被统治地位并非永恒不变，而这变化的主要原因是当权者享乐腐败。也就是说，统治者不把人民当人看，把自己的享乐建立在压榨人民的基础上，遭到人民的反抗，进而导致政权瓦解。

在政治思想方面，他与当时的"宗教神学"背道而驰，抨击了宿命论思想。他提出"人事为本，天道为末"，否定"天命"对人生与国运的主宰。凡事要以"实用性"为准绳，不应依靠求神拜佛来解决问题。可以说他的这些主张使他成了中国历史上第一个知名的"唯物主义者"。

穿越时空的眼睛

仲长统还提出了律法宽严并济、解决贫富差距等主张，这些主张在当代也同样适用，而他在一千八百多年前就看到了这些。

何晏 | 约 190—249 年

字平叔，三国时期南阳郡宛县（今河南南阳）人，玄学家。著有《论语集解》《道德论》（散见于其他书中）。与夏侯玄、王弼等倡导玄学，为魏晋玄学的创始人之一。

何晏："傅粉何郎"的玄学清谈

提起魏晋，人们总是不自觉地想到"风骨""风流""名士"这些词。那是一个名士辈出的时代。《世说新语》提及的名士必然身份出众，潇洒不羁，风度翩翩。再加上口若悬河，清谈玄学，真是让人想穿越回去一睹他们的风采。其中，人气最高的当数何晏了。

何晏家世好，是东汉大将军何进的孙子，后来被曹操收养，将爱女金乡公主嫁给他为妻。何晏一生官至侍中尚书。

何晏长得好，又喜欢打扮。这导致魏明帝疑心他是在脸上涂了粉，就故意在大热天请他吃热汤面，吃得他满头大汗，不得不用衣袖擦拭汗水。可他擦完汗后，脸色更白了，明帝这才相信他没有搽粉，从而留下"傅粉何郎"的典故。

何晏学问好，从小精研《老子》《庄子》等名著，对兵法、文学都有自己的见解，著有哲学名作《无名论》《无为论》。正始年间，以何晏、王弼为代表的学术大家，以"以无为本"的道学思想为理论架构，对儒学进行了"援道入儒"的大规模改造，从而开创了一个新的学术流派——魏晋玄学。玄学，其实讨论的是世界啊、宇宙啊是怎么一回事儿，是怎么来的。比如何晏主张"无也者，开物成务，无往不存者也"。即"无"和"道"一样是万物的起源和根本，君子只要按照自然的法则办事，不以物喜不以己悲，超脱物质影响，世界就会返璞归真。

何晏口才也好，作为正始名士中的佼佼者，喜欢召集名士，谈玄说妙，谓之"清谈"。在众追随者的追捧下，清谈现场往往一座难求。清谈成为当时最高雅的娱乐活动，从而形成了一代士风——清谈之风。从此，清谈成为知识分子的一种优雅生活姿态和潇洒处世形象的象征，不断被后世称颂和模仿。

是名士风流还是清谈误国？

有人艳羡魏晋名士风流，谈天说地、怡然自乐；也有人说魏晋清谈，是不务实事、哗众取宠、放浪形骸、误国误民，你怎么看呢？

阮籍 | 210—263 年

字嗣宗,陈留郡尉氏(今属河南)人,三国时期魏国文学家、思想家、玄学家。阮籍与嵇康等人共倡玄学新风,主张"越名教而任自然""审贵贱而通物情",在哲学观上,阮籍赞同老庄的"达"的观点,认为"达"的根本途径或基本方法即为"齐物"。代表作品有《通易论》《通老论》《达庄论》《大人先生传》。

阮籍：彷徨于乱世的思想者

阮籍一家，能人辈出。他的父亲阮瑀，长期在曹魏政权任职，也是"建安七子"之一。阮籍的侄子阮咸，位列"竹林七贤"，主攻音乐，卓有建树，有一种传统民间乐器就命名为"阮咸"。阮籍的大哥、阮咸之父阮熙，也颇有才干，官至武都太守。

阮籍的人生是很矛盾的，有反叛之心，却又有所羁绊，不能像嵇康那样反抗到底。

阮籍跟大哥不一样，他很讨厌做官，他追求的是诗、酒、花、竹，还有音乐和远方。"竹林七贤"的活动，让他的追求暂时得以实现。

阮籍与当权的司马集团若即若离。据传，司马氏想让阮籍的宝贝女儿当儿媳妇，阮籍可不想攀这高枝儿。于是，他想出一个好主意来拒婚——顿顿喝酒，天天酩酊大醉，一连六十日，风雨无阻地醉卧床榻。司马大将军派出的媒人也很有耐心，天天上门来提亲，天天面对着一个逻辑混乱、满嘴跑火车的"醉人"。两个月后，媒人招架不住了，只得向司马大将军禀报任务失败。但阮籍也因好酒而求了个步兵校尉之职，只因听说步兵后厨善酿酒。

生逢乱世的阮籍表面旷达，但内心充满了苦闷与彷徨。阮籍喝酒后经常驾着马车四处游荡，漫无目的，如果遇到了分岔的路口，他不知道向左向右还是向前走，惶急之下，便号啕大哭，然后眼睛一闭，让马儿来决定道路和方向。王勃传世名篇《滕王阁序》就记录道："阮籍猖狂，岂效穷途之哭。"

阮籍的哲学思想几经变更，最后定格在了基于老庄和周易的玄学。他在《达庄论》中描述道："人生天地中，体自然之形。"阮籍认为，在自然这个大背景中，礼教名利不过是"驯化"的工具，超越世俗礼法的言行才是真正的"任自然"。追求个性自由、追求精神独立，成为阮籍后期人生的"中心思想"。

魏晋风度

魏晋时期，诞生了大量的风流名士，阮籍是其中的代表性人物。你还知道阮籍的什么故事？从他的身上，你能推断出魏晋名士有哪些基本特征吗？

嵇康 | 223—262 年，或 224—263 年

字叔夜，谯国铚县（今属安徽涡阳）人，三国时期曹魏思想家、音乐家、文学家。嵇康主张"越名教而任自然""审贵贱而通物情"，他的思想对于后世有着巨大影响。代表作品有《养生论》《释私论》《管蔡论》《声无哀乐论》等。

嵇康：非汤武而薄周孔

魏晋时代，名士辈出，涌现出三曹、建安七子、竹林七贤等团体，一时间思想文化圈子热闹非凡。

竹林七贤的领袖名唤嵇康，是一个罕见的天才、全才：他纵横驰骋于思想界、音乐界和文学界，游刃有余；同时，他也是一个养生达人，写下了洋洋数千言的《养生论》，成为第一个系统阐述养生理论、养生方法的"导师"。嵇康主张形神共养，尤重养神；提出养生应见微知著，防微杜渐，以防患于未然；要求养生须持之以恒，通达明理。

虽然嵇康重养神，但他的思想言论一点也不"养神"，是最早反叛儒家统治思想的学者之一。魏晋直接承袭了两汉的主流统治思想，自汉武帝"罢黜百家，独尊儒术"以来，名教（儒家）实际上成了当时的主流思想。反对名教，就是反对统治者，当权派肯定不满意。七贤又组团吐槽成汤、周武王、姬旦、孔夫子等儒家圣人，主张"越名教而任自然"。这为嵇康招来杀身之祸。

司马氏集团的重要幕僚钟会，一心想置嵇康于死地。据传他在发迹后，曾领着一队人马来到嵇康隐居的竹林旁边，炫耀他滔天的权势。但嵇康一直忙着与好友向秀打铁，都不正眼瞧一下他们。钟会碰了一鼻子灰，甚是无趣，他更加坚定了要除掉嵇康的决心。

不久，钟会以"言论放纵"等为借口，把嵇康送上了断头台。行刑那天，嵇康于刑场上顾视日影，然后向兄长嵇喜要来了一把琴，从容弹奏一曲《广陵散》，曲罢叹道："昔日袁孝尼想跟我学习弹奏《广陵散》，我总是吝惜而不愿意传授，《广陵散》于今绝矣。"

嵇康的为人

读完这篇文章，你认为嵇康是一个怎样的人？他具备哪些高贵的品质？

王弼 | 226—249 年

字辅嗣,山阳(今河南焦作)人。三国时期曹魏玄学家,魏晋玄学的代表人物及创始人之一。著有《老子注》《老子指略》《周易注》《周易略例》等书。在学术上开一代新风——"正始玄风"。

王弼：少年天才的"无中生有"

那天，还不满二十岁的王弼，紧赶慢赶，还是迟到了。当他跨进院门时，一场关于"圣人有没有喜怒哀乐"的清谈已接近尾声。这场清谈的座主何晏很客气，打算给这个迟到的年轻人一个台阶——考考他。何晏挑出几条之前的对谈中获胜方的观点及主要论据。何晏问："这些道理，我们已经讨论到极致，无可辩驳了，你觉得呢？"结果，王弼听完，不假思索，便噼里啪啦一番论证，一一驳斥大家认为完美无缺的观点。

正当大家准备为王弼欢呼喝彩时，他幽幽地来了一句："那几个观点我是驳倒了，可是我刚刚说的也有破绽啊，各位没听出来吗？"大家一时间愣住了。只见王弼开始一人分饰两角，既是正方，自己论证；又是反方，自己反驳。王弼当正方的时候，大家觉得正方有道理；王弼当反方的时候，大家又觉得反方有道理。于是，王弼在清谈界一战成名。何晏也大气，赞其后生可畏。

魏晋以《老子》《庄子》《周易》为谈玄说妙的主要蓝本，而王弼从哲学思辨的高度一人注释《老子》《周易》两本。王弼不仅注释，还修改和发展原文思想。老子讲："道生一，一生二，二生三，三生万物。"而王弼认为"道"即是"无"，"无为本，而生万物"。这种"无中生有"的哲学思想，跟现代科学认为"宇宙诞生于既没有大小，也没有质量的'奇点'"的观点不谋而合。现代《道德经》通行本，其实就是王弼所注的《老子道德经注》。王弼在注释《周易》时，还留下一个成语"王弼扫象"——将《周易》卦象中占卜算命的内容给扫除了，把《周易》变成一本哲理之书。正是这些场下功夫，让王弼在清谈场上百战百胜，从而开启了魏晋正始年间的文化运动——"正始玄风"。

可惜的是，王弼二十三岁时，染疟疾而亡，真是天妒英才啊！司马师听说王弼去世，长叹"天丧予"，将王弼比作颜回。

"无"比宇宙更大

篮球比乒乓球大，房子比篮球大，地球比房子大，宇宙比地球大，没有什么比宇宙更大！"没有什么"就是"无"，那说明"无"比宇宙更大！你认可生活中的这些隐喻吗？

向秀 | 约 227—272 年

字子期，河内怀（今河南武陟西南）人。魏晋时期哲学家，竹林七贤之一。喜谈老庄之学，曾注《庄子》，时人赞其"妙析奇致，大畅玄风"，可惜未完成。向秀从哲学方面来协调个体和社会之间的关系，他提出在社会国家面前，个体应做出适当妥协和退让，随着社会的变化而调整，才能"得全于天"。作品有《思旧赋》《难嵇叔夜养生论》。

向秀：鲲鹏逍遥，斑鸠亦逍遥

魏晋时期的政治、文化团体竹林七贤，其成员之间也有亲疏远近之分。首先他们的政治分歧特别大。嵇康、阮籍、刘伶等对欲代魏而行的司马氏集团持不合作态度。而向秀是在嵇康被害后被迫出仕。阮咸出仕后，不被重用。山涛、王戎则先后成为司马氏政权的高官。其次他们的哲学主张也不同。嵇康、阮籍、刘伶、阮咸主张老庄之学"越名教而任自然"——超越儒家的各种伦理纲常束缚，任人随自然本性自由生活。山涛、王戎则好老庄而杂以儒术。向秀则主张名教与自然合一。

竹林七贤成员的政治主张、学术思想，甚至行为方式都大相径庭，自然"相爱相杀"——嵇康与山涛，亲密时竹林清谈，反目时嵇康写《与山巨源绝交书》……唯独向秀，与其他六人均交好——山涛是他的伯乐，嵇康是他的"打铁兄弟"，吕安是他的"种菜兄弟"，其余几人是他的同僚兼好友。

不喜饮酒的向秀，为何能与饮酒纵歌、特立独行的其余六人相处融洽？这得益于向秀中正平和的三观。魏晋时期，"三玄"（《庄子》《老子》《周易》）思想复活，受到众多名士的追捧与喜好，于是为"三玄"作注成为显学。其中《庄子》的注释就有几十种版本，但似乎都不得要领。比如，《庄子·逍遥游》的核心是鲲鹏与斑鸠的小大之辩，世俗之见是鲲鹏大，飞得高、飞得远，当然更逍遥。但向秀认为在无穷的宇宙面前，鲲鹏飞行的极限仍然是小，毕竟有形之物相对于无限的宇宙，总归是有限的。而对低矮的榆树，斑鸠飞行的极限也可称之为大。所以，不要动辄说什么燕雀焉知鸿鹄之志——鸿鹄无须以大而自认为高燕雀一等，燕雀也不必羡慕高飞的鸿鹄。各自以最舒适的姿态，飞行到自己的最高点、最远处，都是一样的逍遥。

向秀的《庄子注》一出，让玄而又玄的《庄子》颇为盛行，为身处魏晋乱世的人们，寻到了一味安抚心灵、缓解焦虑的良药——身体与劳作各守其位，精神与追求各司其职，人生便能知足常乐。

真正的逍遥

庄子在《逍遥游》中列举鲲鹏与斑鸠的飞翔，有人说鲲鹏不逍遥，因为鲲鹏要飞翔必须满足一定的条件才行，你认为呢？

郭象 | 252—312 年

字子玄,河南洛阳人。西晋时期哲学家、玄学家,创造了"独化"说,用以解释天地万物的生成和变化。在名教和自然的关系上,他调和二者,认为名教合于人的本性,人的本性也应符合名教。代表作品为《庄子注》。

郭象：沉潜一心注庄子

西晋太尉王衍评价郭象道："听象语，如悬河泻水，注而不竭。"这便是成语"口若悬河"的缘起，形容郭象的语言输出像河水倾泻下来一样，滔滔不绝气势磅礴，让对方辩友根本没有还嘴的机会。

除了玄学家必备的清谈玄妙技能，郭象的学术素养也很高，堪称一代宗师。他跟着老师向秀一起深入揣摩庄子文章的思想内涵，把内篇、外篇、杂篇背得滚瓜烂熟。郭象对《庄子》原文中令当时人们难以理解的地方进行注解，让普通人也能够读懂。郭象的注解成为后世人解读《庄子》最权威的模板和标准。不过，郭象注解的《庄子》，并不是一般的名词解释、事例考究，而是在注解的过程中，阐发了大量自己的观点，以至于后来有人评价"不是郭象注庄子，而是庄子注郭象"。

但郭象最为得意的成就不是注解了《庄子》，而是他提出的独树一帜的"独化论"。他认为，世间的事物都有它存在的道理，每一个个体都是根据自己的需要而独自变化发展出来的。独化论中最著名的思想就是名教（儒家）与自然（道家）的关系，郭象认为名教就是自然，自然与名教是合二为一的。独化论强调的另一个重点是"自得"的人生观，他教导人们一切都要顺其自然，不要做无谓的抗争，一切都有命数，与命运抗争毫无意义，都是徒劳。

但进入人生下半场的赛道后，他突然不想听天由命了，在仕途上一路高歌猛进，最终当上了太傅。也许他觉得，只有这样做，才利于宣扬他的学术理念和哲学思想，才能使学术价值最大化。

生死有命，富贵在天

你认为"生死有命，富贵在天"的观点对吗？

葛洪 约 281—341 年

字稚川，自号抱朴子，世称小仙翁，丹阳句容（今属江苏）人。东晋时期哲学家、道教学者、炼丹家、医学家。著有《抱朴子（内外篇）》《金匮药方》《肘后备急方》《神仙传》等书。《抱朴子》将道教神仙理论与儒家纲常名教相联系，开儒、道两家哲学思想体系相融合的先河。

葛洪：抱朴守真与"变化论"

大道士、大学者，八十多岁还满头黑发的郑隐，在寒潭中憋气许久才探出头来，对趴在潭边看稀奇的小徒弟葛洪说："徒儿，你可知此为何法？"小葛洪一脸蒙地摇摇头。"此乃胎息之功也，习之可得长生。"一缕玄妙的道韵在小葛洪心里滋生。从此，葛洪沉醉于道教的"神仙"之学和医学的导引之法，慢慢产生了弘扬道术、精研医术、拯救万民于水火的想法。

艺成下山，恰逢魏晋乱世。一番历练沉浮后，葛洪仍难忘少年时立下的"传承道教、行医救世"的初心。于是他辞官归隐，参悟道家经典。

葛洪从道家"见素抱朴，少私寡欲"的思想中，得出"抱朴守真"的修行之道。"朴"指未经雕琢修饰的木材，保持着原始状态。可是，木材一经人工有意雕琢，变为器材，其就回不到原来的样子了，就只是一件工具了。人也一样，如果只是一味地向外追求，忘记了人的天性与纯真，就会把自己变成一件满足欲望的工具。于是，葛洪通过"抱朴守真"，提醒人们坚守自己朴素的本心，在面临各种利益诱惑时，不忘初心。他对外自称"抱朴子"，以表达他抱朴而游的洒脱心态。

葛洪还从道教思想中提炼出"变化论"思想与"物类可变"的结论——事物的变化是客观的、绝对的，能从一种类型转变为另一种类型，而且变化是没有极限、没有范围的，但这些变化又可以为人所掌控，为人所用，并以此论证人羽化成仙、神通变化，以及炼铅汞为仙丹的可能性。他顺势还确立了道教的基本教义与"神仙"体系，为中国的神仙学说提供了理论依据。道教著名的九字真言"临兵斗者皆阵列前行"就出自葛洪的《抱朴子》。

葛洪还认为，疾病的变化是人体内正邪斗争不断发展的结果。依据此理论，他在《金匮药方》和《肘后备急方》中对天花、恙虫、疟疾等传染性疾病的研究，比西方医学要早数百年。

葛洪与诺贝尔奖

屠呦呦在获得诺贝尔生理学或医学奖后的主题演讲中，专门感谢了葛洪与他的《肘后备急方》，你知道这是为什么吗？

释道安 | 314—385 年

俗姓卫，常山郡扶柳县（今河北冀州西北）人。东晋时期杰出的佛学家、翻译家、文学家。释道安最突出的贡献，是用中国传统文化解释外来的佛教文化，做到"洋为中用"，并确立了中国佛教僧团的清规戒律，还开汉族僧尼"释"姓之先河，培养了慧远、慧持等佛教高僧。

释道安：开汉族僧尼"释"姓之先河

公元4世纪，中国呈南北对峙局面，南边是相对安定的东晋司马王朝，北方则是战火纷飞、民不聊生的十六国。很不幸，小道安就出生在这乱世的一个卫姓家庭里，父母早亡，他由表兄抚养。十二岁时出家。

小道安一进寺院就被师父安排去干最苦最累的农活，一年四季都面朝黄土背朝天，翻地播种、锄草浇水、施肥收割……三年后，他才得以借阅佛经诵习。第一次，师父给了小道安一本五千多字的《辨意经》，他第二天就跑来还书了，又借走了一本一万多字的《成具光明经》，只花了一天的时间又跑来还书了。师父有点生气：佛经得慢慢品、慢慢思、慢慢悟，少年，你太浮躁了！小道安只好大声地背诵起来，师父翻开经书对照着看，竟发现道安背得一字不差，这才知道自己真的遇到天才少年了。

比及二十周岁，道安受了具足戒。师父觉得道安应该出外修学，增长见识，便劝道安去到邺都寻访当时声名显赫的大和尚佛图澄。这位佛图澄，神通广大，在北方一些政权那里都很有话语权。常言道，名师出高徒，拜在佛图澄门下，道安先是修习南传上座部佛法，后又参研大乘般若法，都取得了成就。

在佛教传入中土的三百年间，一直没有形成统一的修行制度和清规戒律，各个僧团、寺院之间都有不同的修行规则，显得有些混乱。道安法师觉得全国僧尼的言行举止、宗教仪式应该形成一盘棋，才能更利于弘扬佛法。于是，他根据中土佛教的实际情况，制定了"僧尼轨范"，为出家人建章立制，包括衣食住行形式、出家剃度仪式、忏悔修行模式等方方面面，算是中土佛教的第一部"根本大法"。当时僧人们也各姓各的，有姓竺的，有姓支的，有姓安的……道安提出寺院僧尼全部都应姓释（释迦牟尼），他自己的全名就是释道安，释姓一直沿用到今天。

可以说，释道安为中国佛教正规化、制度化做出了卓越贡献。他在研究西域佛学与本土玄学思想的基础上，提出了"有无两忘"的修行观点，为大乘佛教在东方古国发扬光大也做出了不朽贡献。

规则与学业

如果说学习也是一场人生的修行，想要取得成就是否也需要制定并遵守规则呢？

范缜 | 约 450—约 510 年

字子真,南乡舞阴(今河南泌阳西北)人。南北朝时期著名的唯物主义思想家。其哲学著作《神灭论》,继承和发扬了荀况、王充等人的唯物论思想,是中国古代思想发展史上具有划时代意义的不朽作品。

范缜：《神灭论》，一个人的战争

世界上有鬼吗？你能证明吗？其实，灵魂是否存在，古人们一直争论不休，其中最著名的当属范缜的辩论。

南北朝是中国历史上最黑暗、最混乱的朝代，可却是佛教兴盛的时代。据《南史》记载，当时，天下差不多有一半的户口被寺院所控制。杜牧诗言："南朝四百八十寺，多少楼台烟雨中"，既描绘了当时佛寺兴盛的景象，又给出崇佛的最终结果。佛教因其"轮回报应修来世"的思想，给各阶层民众带来了希望。寺院则凭借民众的这种迷信，疯狂掠夺钱财、土地与人口，同时寺院土地免税、僧众免役，从而严重影响到国家的运行。范缜认为"浮屠害政"，从而进行了一系列的反佛斗争。

有神无神的世纪之辩，发生在南齐时期，竟陵王萧子良的鸡笼山私人官邸里。萧子良深信佛教，范缜却在辩论中公然反对佛教的"因果轮回"。于是，萧子良发问：你不信因果，那为何人有富贵贫贱之分？范缜回答："众生，就如同一棵树上的花。虽是同根生，可随风飘落，有的落到了锦席上，有的落到了茅坑里。殿下您就落在了锦席上，而我则落在了茅坑里。这些都是偶然，哪里有因果呢？"

辩论结束后，范缜意犹未尽，继续思考，并在他的《神灭论》初稿中写下："神即形也，形即神也，是以形存则神存，形谢则神灭。"此论一出，朝野一片哗然。笃信佛法的名士王琰撰文相讥："呜呼范子！曾不知其先祖神灵所在。"范缜则以彼之道还施彼身："呜呼王子！知其祖先神灵所在，而不能杀身以从之。"竟陵王萧子良更是召集名士高僧，组团与范缜辩论，但范缜据理力争，舌战群雄，不落下风。

世界上有鬼吗？

每次听完鬼故事，熄灯上床睡觉，你是否担心黑暗中有一只鬼手向自己伸来，然后吓得赶紧用被子蒙着头，大气不敢出。那么，世界上有鬼，还是无鬼？你能证明吗？

玄奘 | 602 或 600—664 年

原名陈祎,别称唐僧、唐三藏,唐代高僧,河南洛阳洛州缑氏(今河南偃师缑氏镇)人。小说《西游记》中唐僧原型,我国历史上四大佛经翻译家之一,译经论75部,总计1335卷。中国汉传佛教唯识宗创始人。代表作品为《大唐西域记》。

玄奘：踏平坎坷，修成正果

"**大**师兄！二师兄！师父又被妖怪抓走啦！"电视剧《西游记》里的唐僧看上去总是窝窝囊囊的，没什么本事。然而，真实的唐僧，玄奘法师，却是个有着钢铁意志的超级天才，他"舍身求法"，鲁迅先生赞他是"中国的脊梁"。

玄奘法师为何要去西天求取真经？难道他之前诵读的佛经都是"假经"？原来，古时候的出版物没有统一的规范，同一部佛经，这个寺院和那个寺院拿到的版本可能就完全不一样，再加上佛教经典本身就浩如烟海，所以，爱思考的玄奘常常会发现所读的经书中有很多相互矛盾的地方，他觉得一定是这些经书出问题了，必须要到佛教的起源地才能找到正确的答案。

正如小说和电视中的情节，唐三藏历经了许多磨难，最终胜利抵达当时全球佛教的最高学府——天竺国那烂陀寺，寺院住持正是一百多岁的戒贤法师，他将毕生所学全部教授给了玄奘。之后，他又去多地访师参学，天才的玄奘自学了西域多国语言。在天竺国国王戒日王举办的长达十八天的辩论会上，面对几千名天竺僧人的发难提问，玄奘法师用天竺国本土语言逐一回复、反驳，批判邪行外道，弘扬大乘佛法，大获全胜。玄奘法师一战封神的消息传回大唐，太宗皇帝也备感脸上有光呢。

西行求法十九载，玄奘法师将六百五十七部"真经"带回到东方故土。他又花了十九年时间投身翻译事业，最终译出一千三百多万字，占整个唐王朝所译佛教经文的半数之多。尽人皆知的"观自在菩萨行深般若波罗蜜多时……色即是空，空即是色……"这段讲述"诸法皆空"的《心经》，便是玄奘法师亲自翻译的。另一力作《大唐西域记》不仅拓宽了东方人的视野，也为不注重修史的印度人研究那段历史提供了直接的书面证据。

玄奘与他的弟子窥基一起，创立了"万法唯识"的法相宗（又称唯识宗）。万法唯识是佛教的基本理论之一，它认为世间万物都是由心识创造的，精神思想决定着客观世界，这与西方哲学中的唯心主义、唯意志论乃至现代心理学，都有或多或少的联系。

天分与毅力

苏东坡说：古之立大事者，不惟有超世之才，亦必有坚忍不拔之志。玄奘法师正是既有超世之才，又有坚忍不拔之志。你身边有这样又聪明又努力又有恒心的人吗？

慧能 | 638—713 年

亦作"惠能",唐代高僧,禅宗南宗创始人,被推为禅宗六祖。慧能的禅法以定慧为本,认为觉性本有,烦恼本无,直接契证觉性,便是顿悟。代表作品为《六祖坛经》(系弟子汇编而成)。

慧能：大智慧、大能量

南北朝时期，达摩祖师在少林寺面壁九年，开创了禅宗。经过慧可、僧璨、道信等人的接续发展，传到了五祖弘忍手上。在挑选接班人时，弘忍在主张渐悟修行的神秀与主张顿悟的慧能之间犹豫不决，最终还是将衣钵传给了慧能。历史证明，慧能没有辜负师父的选择。

浩如烟海的佛教大藏经，基本上全是印度人留下的遗产。谁也不会想到，一个没有上过学的中国人，也写出了一部佛经，这个人就是慧能，他在佛学造诣、佛法精进方面，并不输玄奘。书名很长，《南宗顿教最上大乘摩诃般若波罗蜜经六祖慧能大师于韶州大梵寺施法坛经》，简称为《六祖坛经》。这是中国人著述的唯一被称为"经"的佛教典籍。

慧能接过五祖弘忍的衣钵后，一路风霜雨雪，颠沛流离，十余年间吃尽了苦头，终于来到了今广东韶关地界。在法性寺听印宗法师讲经时，时有风吹幡动，两个和尚就争论经幡运动的真相，一个和尚说："看哪，明明是经幡在扭过来扭过去，肯定是它自己在动。"另一个和尚说："这经幡，本身是静止的，是起风了，风带动了它扭过来扭过去的。"

两人谁也说服不了谁。这时，慧能大师发话了："不是幡动，不是风动，而是心在动。"这是非常典型的唯心主义世界观，认为世间一切表象都不过是你思维的结果罢了。

两个和尚听了慧能的高见，立即顶礼赞叹，问道："阁下识见非凡，莫非是传说中领受了弘忍大师衣钵的人吗？"慧能答曰："正是"。当地高僧、官员闻讯，立即邀请慧能驻锡本地，开坛讲法，广收门徒。从此，禅宗南宗创立，成为佛教各派系中最具思辨色彩的一门，不仅成功吸引了中国知识分子的注意，甚至还深深地影响了日本、韩国等地的传统文化。

关于物质的运动

慧能对于经幡运动的解释，属于内在心灵的反思，是有主观性的。那么，请你从客观的角度出发，解释经幡运动的真相。

韩愈 | 768—824 年

字退之,河南河阳(今河南孟州南)人。唐朝中期文学家、哲学家,"唐宋八大家"之首,有《韩昌黎文集》传世。韩愈尊崇儒学,重视教育,主张以教育为手段,实现儒学正统。曾提出"弟子不必不如师,师不必贤于弟子"的见解。

韩愈：儒家道统的继承人

韩愈寒窗苦读十余载，自觉学问大成，于是在二十岁时来到长安，参加科举考试。然而理想很丰满，现实很残酷。韩愈连续考了三次都没考中。可他没有抱怨，在写下"书山有路勤为径，学海无涯苦作舟"的座右铭后，选择继续苦读。功夫不负有心人，第四次，韩愈考上了进士。

可惜，韩愈还没来得及如孟郊一般"春风得意马蹄疾，一日看尽长安花"，就迎来了吏部的考试。结果考了三次，都没考上。韩愈一气之下，写下千古名篇《马说》。第一句话，就让人迷惑不解。"世有伯乐，然后有千里马。千里马常有，而伯乐不常有。"这不合逻辑啊——存在决定意识——伯乐相千里马的知识和经验，必须先从大量的千里马身上获得，然后才可能总结出千里马的特征。但这样出其不意的笔墨，对照社会现实，却是发人深省的箴言。

又在第四次，韩愈终于通过吏部试，那年，他已经三十三岁。此时，正是"安史之乱"后的中唐时期，国家多难，民生多艰，而作为中国知识分子精神支柱的儒家思想则日趋衰落。

韩愈认为要重现盛世，首先，得从思想上恢复儒家精神的神圣地位，于是他树起"儒家道统"的旗号。韩愈的"道统论"强调儒学的连贯性和完整性，不仅让儒学在唐代峰回路转，更是为后来宋明理学的发展奠定了坚实的基础。

其次，为让"儒家道统"继续发扬光大，韩愈希望通过教育来实现儒家精神与学问的传承。随后，韩愈大手一挥，又写下一篇千古名篇《师说》。其中诸如"师者，所以传道、授业、解惑也"，"弟子不必不如师，师不必贤于弟子，闻道有先后，术业有专攻"，这些超级前卫的教育理念，穿越千年，在我们这个时代仍然熠熠生辉，光芒万丈。

伯乐与千里马

《马说》和《师说》都被收入了语文教材，那你认为先有伯乐，还是先有千里马？组织班上的同学来一场辩论吧！

刘禹锡 772—842 年

字梦得，河南洛阳（今属河南）人。唐朝文学家，有"诗豪"之称。刘禹锡也是一位朴素唯物主义哲学家，著有《天论》。《天论》论述天的物质性，他认为天不能干预人类社会的"治"或"乱"，人也不能改变自然界的运行规律。他还以科学知识为根据，宣扬无神论，批判有神论。

刘禹锡：出走半生，归来仍是少年

刘禹锡二十二岁进士及第，从此与同样年轻的新科进士柳宗元相识。他们少年得志，春风得意，几年后，被唐顺宗委以重用，成为"永贞革新"核心人物。不幸的是，改革失败了，唐顺宗被迫退位。从此，两人不是被贬，就是在去往被贬之地的路上。

805年，刘禹锡被贬朗州。秋风萧瑟中，刘禹锡写下《秋词》："自古逢秋悲寂寥，我言秋日胜春朝。晴空一鹤排云上，便引诗情到碧霄。"他一改文人逢秋遭贬便暮气渐长、锐气渐消的自艾自怜，全诗充溢着壮志豪情与自我激励。刘禹锡的哲学思想就是始于贬谪之路。

824年，刘禹锡被贬和州。和州县令故意刁难，半年时间，让刘禹锡三次换房，面积一次比一次小。看着只能容下一床、一桌、一椅的斗室，刘禹锡不是抱怨沮丧，而是文思泉涌，一气呵成写就千古名篇《陋室铭》："山不在高，有仙则名；水不在深，有龙则灵。斯是陋室，惟吾德馨。……"

826年，刘禹锡结束二十三年贬谪生涯返回洛阳，于扬州初遇白居易。一位因改革失败，几遭贬谪；一位因讽谏诗，处处被权贵打压。一个诗豪，一个诗魔。两人把酒言欢，席间互赠诗歌。面对白居易感叹"真名士往往多磨难，但老刘你这二十三年的磨砺也太长了"的安慰，五十五岁的刘禹锡留下了千古名句："沉舟侧畔千帆过，病树前头万木春"。从此，这种"出走半生，归来仍是少年"的心态，总会重新点燃人们心中的希望之光。

贬谪路上，刘禹锡给我们留下了很多充满哲理的千古名句。正是这些名句渐渐丰富了他的哲学思想，渐成体系。他将自己的哲学思想系统地总结在了《天论》里："天之道在生植，其用在强弱；人之道在法制，其用在是非。"他以唯物主义的观念，阐述了天地自然与人的辩证关系：天的规律是生养万物，人的规律在于法律、制度。

千淘万漉虽辛苦，吹尽狂沙始到金

如果你是班干部，正策划一场活动，希望调动同学们参与班级活动的积极性，提升团结协作的能力，你将如何获得支持，避免一些刁难呢？

柳宗元 | 773—819 年

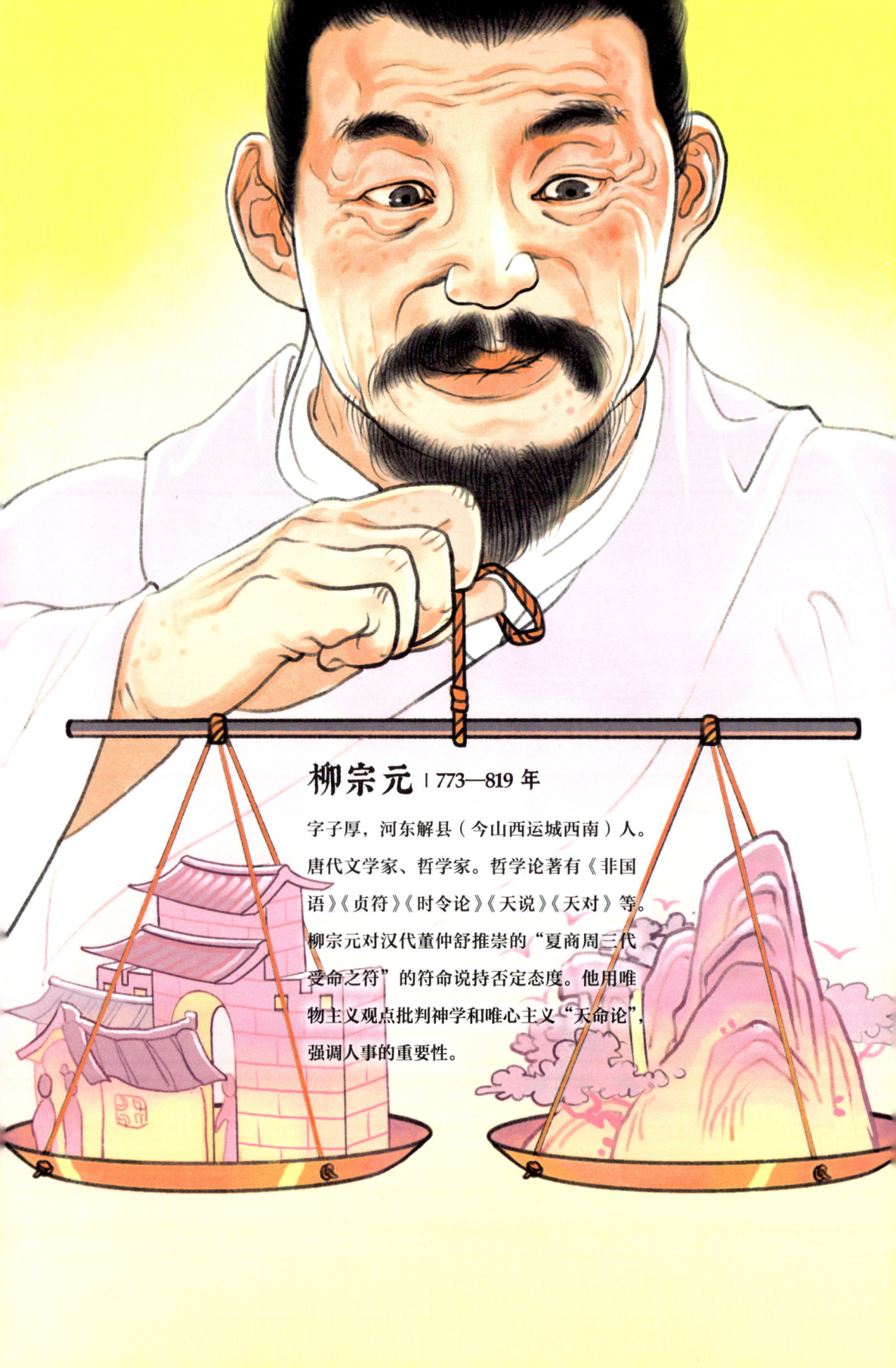

字子厚，河东解县（今山西运城西南）人。唐代文学家、哲学家。哲学论著有《非国语》《贞符》《时令论》《天说》《天对》等。柳宗元对汉代董仲舒推崇的"夏商周三代受命之符"的符命说持否定态度。他用唯物主义观点批判神学和唯心主义"天命论"，强调人事的重要性。

柳宗元：对屈原《天问》的回答

说起中国历史上的知音，你立马就能想到的应该有："管鲍之交"的管仲、鲍叔牙，"高山流水遇知音"的伯牙、钟子期……其实，柳宗元与刘禹锡也是知音，比起他人，他俩更加同频共振。两人都是学霸级的人物，同一年参加科考，同时进士及第。那年柳宗元二十一岁，刘禹锡二十二岁。后来，两人一起上下班，一起喝酒，一起写诗，一起讨论哲学，一起参与政治革新。革新失败后，一同被贬。

805年，柳宗元被贬为永州司马。永州，荒凉僻远，人口稀少，毒蛇毒虫众多。踽踽独行的他困苦愤懑，写下了流传千古的《捕蛇者说》《永州八记》，以及"千万孤独"的《江雪》："千山鸟飞绝，万径人踪灭。孤舟蓑笠翁，独钓寒江雪。"

孤独之中的柳宗元，还形成了自己的哲学思想。他通过《天对》逐一回答了千年之前屈原在《天问》中提出的一百七十三个问题。屈原问：白昼和黑夜不停交替，背后是谁在操纵呢？柳宗元回答说：昼夜交替，没有谁在背后操纵，而是大地在不断运行，导致你所在之地跟太阳的方位不断变化，对着太阳的地方就是白天，背对太阳的地方就是黑夜。屈原问：宇宙万物又是如何形成和演化的？柳宗元回答说：万物从蒙昧状态变化发展，这一切都是因为"元气"。"元气"缓慢吹动，就形成炎热的天气；"元气"迅疾吹动，就形成寒冷的天气。这种寒暑冷暖的交替，就促成了万物的演化。

从柳宗元的一个个回答中，你不难看出，他给"天"赋予了自然属性。他认为自然有自然的客观规律，社会有社会的发展规律，应当将自然与社会分而治之，而不可以将两者混为一谈。所以，柳宗元明确反对韩愈的"天命论"——一个人的贵与贱，祸与福，完全取决于上天的安排。他还认为没有谁受命于天，就该一辈子受奴役或当官吏，甚至提出"官为民役，民可黜官"，即官吏要为民众服务，否则民众可以罢免官吏，这比先秦时期的"民本"思想，又前进了一大步。

班干部的优与劣

你认为班干部与同学之间应该是什么样的关系？什么样的班干部算优秀班干部？

邵雍 | 1011—1077 年

字尧夫，谥号康节，生于林县上杆庄（今河北涿州大邵村），北宋著名理学家、数学家、诗人。著有《皇极经世》《观物内外篇》等。邵雍根据《易传》，参以道教思想，建立神秘的先天学，即象数之学：以为万物皆由"太极"演化而成，"太极"永恒不变；而万事万物，则依其虚构的"先天图"，循环不已。

邵雍：给宇宙计算寿命

夜以继日读完万卷书的邵雍，觉得自己还有很多不足，毕竟书上的知识是死的，到底对不对，有没有用，自己心里也没有底，于是辞别父母，越黄河、汾河，徒步江淮、江汉平原。四方游历，行走万里路的邵雍，觉得自己火候差不多了，毕竟在路上可是验证和补充了书中的知识，解决了疑问。"'道'就在我脚下。"正当他想大展身手时，母亲却因病辞世。面对突如其来的生离死别，邵雍陷入了困惑：人生天地间，到底有何意义？人这一生中所经历的一切，包括寿命，都是天注定的吗？那宇宙有没有寿命呢？

在人生的至暗时刻，图书派易学大家李之才找到邵雍，对他说："子亦闻物理性命之学乎？"好学的邵雍感兴趣地问："什么是物理性命之学？"李之才说："'物'指宇宙万物，'理'是万物发展的规律。'性'指事物的本质，'命'指事物的作用。'物理性命'之学，就是破解世界运行发展的本源奥秘的学问。"

邵雍被深深地吸引了，拜李之才为师，学习《易经》《河图》《洛书》等物理性命之书。邵雍简直是个天才，他洞悉内涵，化繁为简，将《易经》六十四卦排列成《六十四卦圆图方位图》。利用这个圆图，邵雍不仅能说明一天十二时辰，昼夜交替的现象，还能说明一年四季的变化；更展示了世界生灭的周期性轮回。为此，邵雍在《皇极经世》中建立了一套以"元、会、运、世"为纪年单位的皇极经世年表，并且成功推算出宇宙轮回的周期为十二万九千六百年。《西游记》在第一回开篇就提到：盖闻天地之数，有十二万九千六百岁为一元。将一元分为十二会，每会就是一万零八百岁。那"一运"和"一世"又是多少岁呢？

在一千多年前能够把时空尺度拉长到这种程度，邵雍是当之无愧的第一奇人。

观察三境界

邵雍在《观物内外篇》中提出观察的三个境界：以目观物、以心观物和以无心观物。所谓"以目观物"就是看见，"以心观物"就是观察加思考，那什么叫"以无心观物"呢？谈谈你的看法。

周敦颐 | 1017—1073 年

原名周敦实,字茂叔,北宋道州营道(今湖南道县)人。宋朝儒家理学思想的开山鼻祖,著有《太极图说》《通书》《爱莲说》等。周敦颐在儒家哲学上,建立了"无极而太极"的本体论。他认为世界的本原是实有而非物、本无而不空的绝对体。这个绝对体演生阴阳,阴阳生五行,五行生成万物。

周敦颐："太极"宗师

中国哲学从《易经》发轫，历经先秦的诸子百家、两汉时的独尊儒术，又经魏晋时期的玄学、禅宗与"援道入儒"，来到隋唐。唐朝皇室认李氏名人老子李聃为祖宗，因此唐朝前期流行道教，后期因社会动荡致使佛教盛行。这期间，儒家学者在儒家思想的基础上，不断添加佛家思想与道教思想等催化剂，试图将三种思想杂糅在一起，但其中必然有不少互不统属、相互矛盾的地方。直到宋朝周敦颐出现，才将矛盾点渐渐消除，将三家思想熔于一炉，更新的儒家的经络才逐渐通畅。

朱熹在阐释自家祖师爷的学问从何而来时说："承天畀，系道统。"即周敦颐的学问是上天启迪的，使得秦汉以来几乎断绝的儒学道统得以延续。

据说，14岁的周敦颐辞别父母，搬进家附近的月岩洞读书悟道。月岩洞有东西两个洞门，中间一个通天圆孔悬于岩山之上。数月后的一个夜晚，满月当空，一束月光正巧照亮石桌上的《周易》："易有太极，是生两仪。"周敦颐起身边走边悟，从西门到东门，天光直透中天圆孔，东望如上弦月，西望如下弦月，中望则满月当空。弦弦成满，满中生弦，动静流转，不正是经书上那生生不息的"道"吗？一瞬间，"无极而太极，太极生阴阳，阴阳育万物"。

周敦颐以《周易》为基础，通过《太极图》和《通书》解释了宇宙万物的生成过程，即宇宙起源于"无极"这种绝对存在，"太极"则是宇宙的初始状态，然后依次产生"阴阳""五行"和世间万物。

周敦颐是程颢、程颐兄弟的师父，朱熹的祖师爷。周敦颐是第一个用太极图解释宇宙起源的中国哲学家，也成为程朱理学的开山鼻祖。周敦颐尤爱莲，他中年时作《题莲》："佛爱我亦爱，清香蝶不偷。一般清意味，不上美人头。"从中便已能看出儒释道精神融合的迹象。晚年修莲池、筑莲室，与朋友唱和的《爱莲说》——"出淤泥而不染，濯清涟而不妖"太有中国儒家君子气。

莲花与佛教

莲花，是佛教经典和佛教文化中最著名的象征物。那你知道莲花有哪些特别之处，跟佛教文化相通，从而成为佛教的佛花？

张载 | 1020—1077 年

字子厚,世称横渠先生,尊称张子,凤翔郿县(今陕西眉县)人。北宋思想家、教育家、理学创始人之一,著有《经学理窟》《横渠易说》《正蒙》等,被后人编为《张子全书》。张载认为世界是由"气"构成的,分为有形的气,如山河湖海;还有无形的气,如勾股定理、万有引力。因此,世界万物和人都是一体。

张载：为天地立心

很多男孩儿都有一个军旅梦。说起从军，初唐四杰之一的杨炯意气风发："宁为百夫长，胜作一书生。"七绝圣手王昌龄豪情壮志："黄沙百战穿金甲，不破楼兰终不还。"张载也不例外，可惜被"先天下之忧而忧，后天下之乐而乐"的范仲淹给劝退了。

那时，宋朝西部边境经常被鼎盛的西夏侵扰，奈何国力不济，只能给西夏银钱物资委曲求全。自幼习武、年少气盛，且对兵事小有研究的张载，自然觉得屈辱。二十一岁的他凭一腔热血，向当时主持西北防务的范仲淹上书《边议九条》。一个小小书生，竟然对国防军务指手画脚？但范仲淹却非常欣赏张载的勇气。作为文学家，范仲淹对《边议九条》中的文字赞赏不已，并看到文字背后那个张载都没认清的张载——一个读书苗子。

于是，范仲淹劝张载道："儒者自有名教可乐，何事于兵？"意思是"少年，我看你骨骼清奇，乃是百年不遇的读书苗子，儒家学问自有天地，何必要执着于兵事呢？"随后，范仲淹拿出一本书继续劝诫："我这里有本秘籍，看与你有缘，就送给你。以后，儒家的天地，就由你来开拓啦。"张载接过来一看，是儒家经典《中庸》。

之后，张载开始发愤读书，遍读儒家、佛家、道家经典。经过十多年的研读思考，张载兼收并蓄、取长补短，以儒为主，佛、道为辅，逐渐建立起自己的"气本论"——用"气"的聚散来解释万物的生成和消灭——"太虚即气"。他用唯物主义思想来阐释自然大道。后在老家横渠建书院，专心教书育人。整个关中的青年都以在他门下求学为荣，张载也被尊称为横渠先生。在此期间，为解决学生为何而读书的问题，张载写下言简意赅、气象宏大、光耀古今的"横渠四句"——为天地立心，为生民立命，为往圣继绝学，为万世开太平。这四句话，被历代读书人奉为人生座右铭，成为无数中国人的最高理想和精神坐标。

中国人的信仰

近代以来，外国人老说："因为中国人不信神，所以中国人没有信仰。"你觉得这句话有逻辑吗？读完张载的"横渠四句"，你觉得中国人的信仰是什么？

王安石 | 1021—1086 年

字介甫，号半山，累封为荆国公。抚州临川（今江西抚州）人。北宋政治家、文学家、思想家、改革家。王安石潜心研究经学，创"荆公新学"，促进宋代疑经变古学风的形成。

王安石：新法的成与败

年仅二十岁的宋神宗刚登基就决定变法，原因就一个字：穷！大赦天下，要钱；赏赐百官，要钱；应对边衅，要钱；赈灾救民，要钱……无奈之下，神宗将全部希望都押在了王安石身上。

在宋仁宗年间就因上疏提出变法而名声大噪的王安石，曾作诗言志："不畏浮云遮望眼，自缘身在最高层。"可见其心气高，志向远。他一直在总结前人变法的经验，想要改变北宋的"三冗两积"——冗兵冗员冗费和积贫积弱。王安石认为首先要从思想上改！以王安石为首的改革派通过"荆公新学"推出"天变不足畏""祖宗不足法""人言不足恤"等思想。然后陆续推出青苗法、均输法、市易法等新法，以及用"经术选士"来替代原来"诗赋选士"为主旨的科举改革。

"天命论"中的"天人感应"是封建社会的统治思想，是政治斗争的工具。新法一施行，反对派就以各种天相天灾来反对变法。地震时，富弼言："王安石进用多小人，以致诸处地动。"山体滑坡时，文彦博说："市易司卖果实，与天下争利，致使华州山崩。"甚至阴天多一点儿，尤英言："天久阴，星失度，宜退安石。"王安石虽预判了反对派的预判，但最终还是倒在了"天变"与"人言"之上。熙宁七年（1074年），天下大旱，王安石的学生郑侠向神宗递送了《论新法进流民图疏》，随疏附上一幅名为《流民图》的画。画上详尽地描绘了灾民的惨状，同时强调天下大旱，都是王安石变法惹的祸。这种"看图说话"的新型抨击方式，让神宗有些忐忑，而且郑侠在奏疏中保证——皇上立废新法，十日之内必降雨；若不下雨，请神宗将自己处死！

看着图上凄惨的流民，神宗难以抉择，于是"听天由命"。神宗尝试着废除青苗法、免役法等民众意见比较大的数项新法，结果前脚废除新法，后脚倾盆大雨。神宗震惊了，于是王安石被罢相。

气象预报员

为什么郑侠敢跟宋神宗打赌，说十天之内会下雨呢？是真的有"天人感应"，还是说郑侠是一位气象预报员，他率先观察到空气中的湿度在逐日变化？

程颢 | 1032—1085 年

字伯淳,河南府洛阳(今属河南)人。北宋理学家、教育家,倡导"传心"说,著有《识仁篇》《定性书》等。程颢跟张载一样认为"万物一体",人如果达到视自己与万物为一体,不被自己的私心和欲望所蒙蔽,这就是天地之间的"仁"。

程颢："仁"是人与万物和谐相处

程颢、程颐，可谓中国哲学史上的最强哥俩，二人上知天文，下知地理，中晓人和。哥哥程颢，号明道，世称"明道先生"；弟弟程颐，号伊川，世称"伊川先生"。周敦颐是他们的老师，张载是他们的表叔，邵雍是他们的邻居。这五人是中国哲学史上的偶像天团"北宋五子"。周敦颐用"太极图"解释了世界是怎么来的；邵雍用"观物"告诉大家如何客观地看待世界；张载用"气本论"说明了世界万物都是由"气"构成的。兄弟俩在三位长辈的基础上，继续开疆拓土，一起成为宋明理学的奠基者，由朱熹集大成，史称程朱理学。

一次，张载受宰相文彦博的邀请做学术讲座。文彦博为表尊重，请张载坐在虎皮椅上讲《周易》。台下听者众多，但能听懂的人却不多。当讲至"万物一体，世界万物都是由'气'构成的"时，张载突然发现程颢、程颐这俩"学霸"侄子面带微笑。张载心里一惊，难道是哪里讲错了吗？于是，赶紧请俩侄子批评指正。

一脸和气的哥哥程颢起身："表叔讲得太棒了！做人第一要务就是要认识'万物一体'的道理。人不能被私心、私欲所蒙蔽，只知向自然巧取豪夺，不知向世界奉献给予。人要像爱自己一样，爱他人，爱自然，爱万物，只有懂得与自然万物和谐相处，逐渐恢复万物一体的意识，这才是天地之间真正的'仁'！天地万物之间的内在联系，则需人用'心'去体悟。"只有当人做出符合道德的行为，即"知德合一"时，内心才能保持平静，才是最幸福的。

你看，智商、情商双高的程颢，在褒奖张载学说的过程中，还不动声色地把自己的思想添加在了其中，把周敦颐的"太极"、邵雍的"观物"、张载的"气本论"，统统包含在自己的"心"学观点中。这就为后来陆九渊和王守仁的"心学"指明了方向，打下了基础。

万物平等

你是否曾有过高人一等的想法？一只熊猫也并不比一只蜗牛更高贵。如果人人都这样想，世界将会怎样？

程颐 | 1033—1107 年

字正叔,世居中山,后徙河南府洛阳(今属河南),世称"伊川先生",北宋理学家、教育家。著有《周易程氏传》《易传》,后人编《遗书》《经说》,被辑录为《程颐文集》。程颐学说以"穷理"为主,认为"天下之物皆能穷,只是一理","一物之理即万物之理"。

程颐：对人对知识都很"严""格"

面对表叔张载的邀请，与温文尔雅的哥哥程颢不同，严肃、严谨、严格的程颐起身站定，施礼问候，动作、神态不打半分折扣。他仿佛一部人形《礼经》，给在场的各位演示着什么才是正确的儒家问答礼仪："您讲的虽然有一定的道理，但侄儿有个疑问——既然万物皆是由'气'聚集而成，比如花和叶，那为什么有的气聚成花，有的气聚成叶？"

听完大侄儿程颢对"气本论"的理解和阐释，张载不动如山，频频点头，抚须微笑。可听完小侄儿程颐对"气本论"的评价与诘问，张载惊出了一身冷汗，在虎皮椅上坐不住了，起身虚心向程颐请教。程颐弯腰回礼，目光如炬，正色说道："宇宙不仅是'气'聚而成，万物还各遵其'理'，因此各成其形。花之所以成为花，是因为它的'气'按花的'理'聚合；叶之所以成为叶，是因为它的'气'按叶的'理'聚合。这便是宇宙的'道'，万物的'理'。"

"那如何才能找到宇宙万物各自遵循的'道理'呢？"张载继续追问。程颐又施一礼，然后端庄严肃地回复："这就需要正心诚意'格物致知'！"也就是说，你想搞透一个小"道理"，获得一点儿小进步，你就得具备打破砂锅问到底的研究精神、不撞南墙不回头的优秀品质。把一个现象、一个疑问深度研究，剥去它一层层的伪装与外衣，露出最原始的结构，看到最本质的原理，得到最简洁的答案。

程颐不但对知识很严谨，对学生也很严厉。一个冬日下午，他的两名弟子杨时与游酢前来拜访，程颐正在榻上静坐、冥想格物，二人不敢惊动老师，便静静地在门口站立等候。直到程颐静坐冥想结束，睁眼一看，二人还在，此时，外面的雪都有一尺深了。这就是成语"程门立雪"的由来，常常比喻尊师重道的精神。

格物致知

"格"，推究、研究、探究；"致"，求得。"格物致知"即探究事物原理，从中获得智慧。那你小时候"格"过什么事物吗？从中获得了哪些智慧与心得？

苏轼 | 1037—1101 年

字子瞻，号东坡居士，眉州眉山（今属四川）人。北宋文学家、思想家，与父苏洵、弟苏辙合称"三苏"。作品有《东坡七集》《东坡易传》《东坡乐府》《寒食帖》《潇湘竹石图》《枯木怪石图》等。

苏轼：东坡居士的豁达人生

文学家、书画家、政治家、水利专家、科学家、慈善家、美食家……如果让苏轼从这么多"家"中，选择一个他最看重的，恐怕他会用《金刚经》来回答："一切有为法，如梦幻泡影，如露亦如电，应作如是观。"即这些都是虚名，都是短暂的、空幻的、生灭无常的，不必太在意。从苏轼自称东坡居士来看，恐怕他更愿意做一个虔诚的佛教徒。

苏轼与好朋友的日常相处，就充满佛法故事。一天，苏轼作一佛偈："稽首天中天，毫光照大千，八风吹不动，端坐紫金莲。"得意之下，让书童送呈佛印大师。佛印读后批注"放屁"二字，嘱咐书童带回。苏轼见后大怒，立即过江责问佛印，佛印大笑："苏大学士，您不是'端坐紫金莲''八风吹不动'吗？怎么一个'屁'就把你吹过了江呢？"苏东坡为自己定力不足而感惭愧，垂头而退。

苏轼仕途坎坷，三次遭贬，在人生的大起大落之中，他对天道、政治、人生等哲学问题都有深入的思考，特别是他的人生观，对后世的影响是全方位的——从人生理想、人生态度，到人生价值等方面都产生了巨大而深远的影响。当你遭遇人生的种种不如意，情感上又缺少慰藉，苏轼会豁达地劝慰你："人生如逆旅，我亦是行人。"面对人生的逆境顺境，苏轼建议保持一颗平常心："莫听穿林打叶声，何妨吟啸且徐行。"面对人生的世事无常，苏轼倡导不做无意义的纠结："人似秋鸿来有信，事如春梦了无痕。"面对人生的爱而不得，苏轼临终前用一首首尾相同的诗告诉你不用执着："庐山烟雨浙江潮，未到千般恨不消。到得还来别无事，庐山烟雨浙江潮。"

苏轼的这些人生智慧，加上他的文学造诣，使其哲理思想的表达有非常强烈的艺术性与感染力，从而被后人广为传播。

八风吹不动

"八风"是佛教用语，指八种境界的风：称、讥、毁、誉、利、衰、苦、乐。你认为东坡居士是被佛印的哪一风给吹动的呢？你现在能扛住哪几风呢？

朱熹 | 1130—1200 年

字元晦，号晦庵，世称朱文公。生于南剑州尤溪（今属福建）。中国南宋理学家、哲学家、思想家、教育家。朱熹的哲学体系以"二程"的理本论为基础，合称为"程朱理学"。其思想对元、明、清三朝影响很大，成为三朝官方哲学。代表作品有《四书章句集注》《楚辞集注》《晦庵词》等。

朱熹：春秋战国后享祀孔庙的唯一大儒

战国孟子以降，便再也没有人能够挤进孔庙，就算是董仲舒这位把儒家思想推向正统地位的第一功臣也未能入选。直到一千五百年后，朱熹横空出世，才改变了大成殿格局。

朱熹的父亲英年早逝。母亲便带着朱熹到武夷山下定居求学，他的老师是父亲的好朋友刘子羽。刘老师学养深厚，不遗余力地教授朱熹。朱熹生在古代中国文人最幸运的时代，两宋都重文轻武，读书人基本上都能在各个领域施展才能。

自两汉独尊儒术、隋唐开科取士以来，天下书生围绕四书五经做了无数研究。至两宋，儒学的发展已登峰造极。站在前辈巨人们的肩膀之上，朱熹梳理了以往所有的儒家思想流派，重点整理了有宋以来的理学思想，建立了庞大的理学体系。朱熹的哲学体系以"二程"（程颢、程颐）的理本论为基础，并吸取周敦颐太极说、张载的气本论以及佛教、道教的思想，集各种理论研究之大成。朱熹穷其一生，将孔夫子的学说系统化理论化，建立起"致广大，尽精微，综罗百代"的新儒学，其核心概念就是"理"，或称"道""太极"。

朱熹在"格物致知"的基础上，提出了更为系统的"格物穷理"学说，即探寻万物的本质和起源。朱熹曾经"格"了一番人们司空见惯的雪花，对它为什么是六角形的给出了自己的独到见解："雪花所以必六出者，盖只是霰下，被猛风拍开，故成六出。……又六者，阴数，太阴玄精石亦六棱。盖天地自然之数。"他从阴阳术数的角度出发，解释了雪花六出的原理。

在这种打破砂锅问到底的精神加持下，朱熹考证、加注了儒家各类经典，其《四书章句集注》成为钦定的教科书和科举考试的标准，影响了科场考生数百年。他的学问思想，也对后世学者产生了不可估量的影响。

理论与实践的关系

在"知""行"关系上，朱熹主张"知先行后"，"知为先"，"行为重"。你认为朱熹提出的知先、行重合理吗？

陆九渊 | 1139—1193 年

字子静，抚州金溪（今属江西）人。南宋理学家、教育家，著作编为《象山先生全集》。陆九渊是宋明两代"心学"的开山鼻祖，其主张"宇宙便是吾心，吾心即是宇宙"，"明心见性"，以及"心即是理"等重视持敬的内省功夫。

陆九渊：宇宙就在心中

陆九渊自四岁认字以来，就让五个学霸哥哥备感压力。每天一早听到更鼓声，就立马起床读书，半夜三更也常常还在挑灯夜读。而且他从不迷信书本，很有怀疑精神。别人读书最多半信半疑，可陆九渊却是"一读便质疑，一质疑便有收获"。对质疑的内容，他都是直接动手验证。因此得出"铢铢而称之，至石必谬；寸寸而度之，至丈必差"。一铢一铢地称量，称到一石时一定与一次称足一石有差别；一寸一寸地丈量，量到一丈时一定与一次量足一丈有出入。这种对"误差"必然性和普遍性的认知，让人惊叹。后来，他在教育学生时也常说："为学患无疑，疑则有进。小疑则小进，大疑则大进。"

陆九渊一直有个疑问："天地的尽头是什么？"虽然哥哥们回答不上来，但陆九渊并未把问题放下，而是在心中反复思考。直到他在一本古书中看到关于"宇宙"二字的解释："四方上下曰宇，古往今来曰宙。"这个多年的疑问顿时便有了答案："宇宙内事，乃己分内事；己分内事，乃宇宙内事。"天地无穷尽，天地万物和人都在无穷的宇宙之中。宇宙的事就是我的事，我的事就是宇宙的事。孟子说"万物皆备于我"：有我就有万物，没有我就没有万物。陆九渊进一步阐发："宇宙便是吾心，吾心即是宇宙。"这便是陆九渊的世界观，世人口中的"心学"——心即是理。

从此，由程颐、朱熹领衔的"理学"和由程颢、陆九渊开创的"心学"，在宋代成为最大的两个思想学派，双方你来我往，互不相让。理学认为"理"在宇宙之中，在于世间万物，只有认真观察思考世间万物才能接触到"理"的真谛；而心学则坚持认为"理"就在人们心中，只要时刻反省自己的心，就能领悟道理。最终双方"掌门"相约鹅湖论剑，结果谁也没能说服谁，史称"鹅湖之辩"。

"格物知理"和"心即是理"

朱熹认为现实包括两个世界：一个是具体的世界，一个是抽象的"理的世界"，所以"格物知理"。陆九渊则认为，世界是一个自身完整的精神实体"心的世界"，所以"心即是理"。你支持谁呢？

薛瑄 | 1389—1464 年

字德温，号敬轩。河东河津（今属山西）人。明代著名思想家、理学家、文学家，河东学派的创始人，世称"薛河东"。他提出了不少具有唯物主义思想倾向的观点，对明中叶兴起的理学唯物主义思潮起到了首倡和先导作用。代表作品有《薛文清公全集》。

薛瑄：天生异相铁汉子

明洪武年间，河津知县张济积极响应皇帝号召，深入田间地头，了解本地农村的真实发展状况。传说，八月初十，大伙在薛家村考察时遇大雨，就近寻了一高墙大院在门口躲雨，引起院子里的狗狂吠。仆人赶忙打开院门看个究竟。见到来人，赶忙请大家进去喝杯茶沾沾主母生下麟儿的喜气。

原来这儿是薛仲义先生家，刚出生的婴儿就是老先生的孙子薛瑄，后来薛瑄进入内阁辅佐皇帝，也就有了"宰相门前七品官，知县守门生薛瑄"的民谚。

传说这个薛瑄，生下来是个"小透明"，并不是说他低调卑微，而是真的肉身透明，全身通透得血管都能被人觑见。薛妈妈以为是个怪胎，想把他扔了。"且慢，"薛瑄的爷爷喝道，"这个娃娃天生异相，他日若得世外高人稍加提点，苦练四书五经，定能独步天下，成为一代宗师。"庆幸的是，这个"小透明"几天之后便不再透明了，变成一个普通小宝宝了。

兔走乌飞，斗转星移，转眼小薛瑄就长大了。因为良好的家教，加上天资聪颖，他十来岁就能玩转诗赋。上学后，薛瑄在勤研程朱理学的基础上，提出了不少具有唯物主义思想倾向的观点，是明中叶兴起的理学唯物主义思潮的先导。薛瑄极力倡导道德实践方面的"实学"，终生务"实"。他强调，只有将圣贤之书的实际用处发挥出来才算是实现了学问的价值。而这正是儒学"经世致用"的又一拓本。

薛瑄致力于批判人们普遍认可的书中真理，他强调真正的真理在万事万物中，而书上写的只是真理的摹本。这纠正了程朱理学只在心性上求理的认知，让理论与现实接轨。因此，他的学说也被称为"笃实践履之学"，他本人被誉为"实践之儒"。

在朝为官时，薛瑄得罪了大太监王振，被打入天牢，受尽折磨。亲朋好友前去探监，发现其在遭受酷刑后仍面色沉静、镇定自若，纷纷感叹：德温先生真乃铁汉子也。

实学与实用主义

薛瑄在继承程朱理学的基础上，又发展和强调"实学"的概念，主张"经世致用"。那么，你认为实学与西方实用主义哲学有哪些区别与联系？

吴与弼 | 1391—1469 年

字子傅,号康斋,江西崇仁(今属江西)人。明代学者、理学家、教育家、诗人,是崇仁学派的创立者。代表作品为《日录》。

吴与弼：桃李满园不做官

我国古代取士，虽几经变革，但基本以才能为主，所以人们很注重读书。科举制确立之后，人们更是苦读，以求功名，所以有了"万般皆下品，唯有读书高"的谚语。明代大儒吴与弼却是读书界的一股清流，他从不参加科举考试，就算是父母官乃至皇帝亲自出马请他出山为官，他也不为所动，一概婉拒了。

吴与弼年近五旬时，家乡太守诚邀他在地方上任职，他以恐车马为由拒绝；两三年后，比太守更高一级的省里主官又来劝说他做官，就当为家乡父老做一些好事，做一些实事。吴与弼说，老朽在此开坛讲学数十年了，也算是为家乡发展做出了贡献，今后还是教书更能发挥自己的特长。十余年后，吴与弼早已成为学术界的宗师，闻名四方。明英宗宣他进宫，说："先生既然以教学见长，那就来教育教育朕的太子吧。"为太子师，为帝王师，是历代儒生的最高荣誉。但吴与弼还是摇了摇头说："草民年事已高，体弱多病，实在是没有精力来辅导太子的功课了，陛下还是另请高明吧。"皇帝见他态度坚决，不似作伪，便准他回乡了。同时，皇帝下旨让国库给吴与弼发放特殊津贴，令其晚年生活不再陷入窘境。

吴与弼以道家的心态拒绝做官，为他所热爱的教育事业奉献一生。他是儒家第一个提出"劳动与读书相结合"的人，但这一点又类似墨家的教育方法，也成为陶行知先生"生活教育"理论的源头。吴与弼还将自己的哲学思想完整地传授给学生们，即"四观"教育："天地万物，血脉相贯"的天道观；"化去心垢"的性善观；"静时涵养，动时省察"的践行观；"物我两忘，惟知有理"的苦乐观。

吴与弼从教半个世纪，带出的学生近千人，且很多学生均成了名人学者，如胡居仁、陈献章、娄谅、胡九韶、车泰、罗伦、谢复、周文、杨杰、饶烈等，为王守仁开创阳明心学提供了理论基础和人才基础。

和似春风静后功

吴与弼曾有诗句"澹如秋水贫中味，和似春风静后功"，体现了他淡泊名利的处世哲学。你遇到过这样的老师吗？他们身上有哪些闪光点值得你学习？

陈献章 | 1428—1500 年

字公甫,号石斋,因住新会白沙里(今广东江门市白沙街道),又号白沙子,世称白沙先生。明代中期理学家、教育家,有"圣代真儒""圣道南宗"等称号。作品被编为《白沙子全集》。

陈献章：学习贵在敢于质疑

从陈献章的代表作品《戒戏歌》《戒懒文》等不难看出，他上学期间应该也是一个爱玩贪玩的学生。接连参加了两次科举考试都未中，于是他决定干脆以后不参加科考了，不当官了。陈献章就有了充裕的时间进行学术研究。

二十六岁时，陈献章从老家广东来到江西临川，拜在学界泰斗吴与弼的门下，跟随吴先生学习理学。陈献章在学习的过程中逐渐产生了跟老师不一样的想法，对"理"的理解也不一样，师生二人遂产生了分歧。陈献章半年后便离开了吴老师。

后来，陈献章也成了一名私塾老师，开馆收徒，靠教导学生维持生计。古代的知识分子，大约就两条谋生路径：一是当官，二是教书。在教学过程中，陈老师根据他人和自身的大量教学经验，提出了"学贵知疑"的著名论断，强调了学习过程中的怀疑精神，引导学生要敢于质疑，敢于发问。敢于质疑的人一般也敢于创新，譬如，别人都使用了几千年的毛笔，陈献章却别出心裁，发明创造了"茅笔"，即以茅草为笔，又称茅龙笔。

在哲学方面，陈献章提出了"会此则天地我立，万化我出，而宇宙在我矣"的心学观点。天地万物，皆出自"我心"。陈献章还总结出了"静坐中养出端倪"的心学方法，他认为人们通过静坐，可以排除各种纷扰，使心之本体得以显露，达到"心"与"道"的合一，达到宇宙"大我"的境界。这种观点突出了个人在宇宙中的存在意义，对整个明代文人精神的取向产生了深刻影响。

提出质疑

在学习中，你的心中总会产生一些疑问，那么，你能像陈献章一样将这些疑问进行归纳总结，提出自己的质疑吗？

王守仁 | 1472—1529 年

字伯安，浙江余姚（今属浙江）人。因曾筑室于会稽山阳明洞，自号阳明子，世称阳明先生。明代著名的思想家、文学家、哲学家和军事家。王阳明在哲学上提出"致良知""知行合一"的命题，冲击了僵化的程朱理学，最终成为陆王心学之集大成者。

王守仁：人生中最重要的事

十二岁的王守仁人生格局特别大，一次他问老师："老师，对读书人来说，什么是最重要的事？"老师说："科举是读书人的第一重要事！"王守仁当即反驳说："老师，难道不是做圣人吗？"

立志做圣人的王守仁在十八岁时，在理学家娄谅的指引下偶然接触到朱熹的"格物致知"。之后他遍读朱熹的著作，并决定践行"格物致知"——"格"了七天七夜的竹子，结果什么真谛都没有悟到，人却发烧病倒了。这便是中国哲学史上著名的"守仁格竹"。从此，王守仁对"格物"之说产生了极大的怀疑。暂时没能成为圣人的王守仁，只得去参加老师口中的第一重要事——科举。可他并不用心于八股文，两次参加科举均落第。

二十七岁时，王守仁第三次参加科举，顺利过关，入朝为官。后来却因得罪大宦官刘瑾，被贬到偏远艰险的贵州龙场当驿丞。白天，王守仁安心于驿站管理工作。晚上，则躺在龙场附近的阳明洞中参悟圣人之道。在一个雷电交加的夜晚，他想起自己年轻时"格"过的竹子。喜欢的人会说"宁可食无肉，不可居无竹"，因为竹子有步步高升、知书达理等寓意；可不喜欢的人会说"竹子开花，赶快搬家"，因为竹子一旦开花，就会成片凋谢，是不祥之兆。竹子只是一种植物而已，一切不过是不同人赋予竹子不同的象征意义罢了。王守仁顿悟了——这个世界，"理"是由心立的，"心即理"。

王守仁创立了阳明学派，倡导"知行合一"与"致良知"，对后世影响巨大。王阳明的弟子将他的语录、论学书信的简集收录成《传习录》一书。王阳明成为近五百年来唯一一位"立功、立德、立言"三不朽的圣人。

不同的人赋予不同的象征和意义

如同一个苹果落地，道家会说，这是瓜熟蒂落、阴阳转化，牛顿认为这是万有引力的作用，爱因斯坦则认为是时空弯曲……

王廷相 | 1474—1544 年

字子衡，开封府仪封县（今河南兰考东）人。明代中期政治家、哲学家、文学家，著有《慎言》《雅述》等。他否定佛道两家"有"生于"空"和"无"之说，亦反对程朱理学"理在气先"的观点，继承和发展张载的"气一元论"。他倡导"为有用之学"和"治己之学"，以成就"内圣外王之业"，建立起足以与程朱理学、陆王心学相抗衡的气学思想体系。

王廷相：人生需要走好每一步

王廷相自幼聪慧，七岁入私塾，日记千言，喜读经史子集，擅长作文赋诗。乡邻、进士田鉴惊讶于王廷相的天赋与努力，称赞道："这小子长大是当宰相的料啊。"果不其然，后来王廷相不仅在文学和哲学上颇有造诣，在政治上也有所作为，官至南京兵部尚书、都察院左都御史。

一天，新任御史张瀚入职都察院，参见长官王廷相后，请教如何才能成为一名好御史。王廷相微笑着给张瀚讲了一件他亲身经历的趣事。有一次外出办事，不巧的是，外面下起了小雨。王廷相发现轿子摇晃的幅度大大超过平常，他打起轿帘察看，发现其中一个轿夫穿了一双新鞋子。为了避免弄脏新鞋，他专挑干净的地方走，所以使得轿子不平稳。王廷相并没有责怪轿夫，他放下轿帘，眯起眼睛休息。过了一会儿，王廷相发现轿子不再摇晃了。他十分纳闷，又打起轿帘察看，发现那个穿新鞋的轿夫，鞋子已经脏了，此后便不再顾惜新鞋。他问轿夫："怎么不心疼自己的新鞋了？"轿夫回答说："反正已经脏了，无所谓了。"王廷相告诫张瀚说："做人做事也是这样，行差踏错之前，小心谨慎；可一步走错，自此之后就会变得无所忌惮、为所欲为！"由此可知，在认识论方面，王廷相特别重视"见闻之知"和"实历"。他认为一个人要想获得成长，在阅读的基础上，还必须走出去，与外界互动，有所见闻，才能验证和补充书本上看到的知识，才能真正地理解世界、理解社会、理解人。

在知行关系上，王廷相认为："讲得一事，即行一事，行重一事，即知一事，所谓真知矣。徒讲而不行，则遇事终有眩惑。"即"知"和"行"要结合起来，如果只讲理论，不在实践中练习，就不会有成长。比如，即使你把书本上有关游泳的技术细节背得再熟，掌握得再好，但不下水训练，你永远也学不会游泳。这种思想虽然还没有科学地解决理论和实践的关系，但已经比同时代的思想家先进许多。

"读万卷书"与"行万里路"

你觉得"读万卷书"与"行万里路"是什么关系？你是怎么做的？

王艮 | 1483—1541 年

初名银,王守仁为其更名,字汝止,号心斋,泰州安丰场(今江苏东台安丰镇)人,明代哲学家。王艮的著作,后人辑为《王心斋先生遗集》。创立传承阳明心学的泰州学派,提出"百姓日用即道"的命题,重视教育,强调后天学习的重要性。

王艮：百姓日用即道

为了见王阳明，王银做了充分准备，一身考究且合身的服装，一套引经据典且新颖的"致良知"说辞。但他仍惴惴不安，毕竟王阳明声名响，成就高。于是，王银打定先发制人的主意，一走进阳明讲堂，就在众目睽睽之下坐在了本该王阳明坐的主座上，开口便大讲特讲尧舜孔孟。但是，这种虚张声势，被王阳明一眼看穿。论辩良知时，王阳明仅仅几个小问题，就把王银问得张口结舌，满脸通红。王银一改刚才的张扬不恭，老实地承认不足，并起身坐到自己的位置上去。

可王银并不服输。第二天，王银再次上门与王阳明辩论，并扬言："今天再辩论一次，如果这次我还是说不赢你，我就拜你为师！"这次，"遇强则强"的王银和王阳明辩论了很长时间——从"致良知"，到"知行合一"，再到"心即是理"。但王银还是败下阵来。由此，王银正式拜阳明为师。王阳明一方面感慨："我擒拿造反的宁王，信手拈来；没想到为了降服你，还费了一番唇舌！"另一方面，王阳明觉得王银个性有些浮躁，于是将"银"字改成带有静止之意的"艮"字。

王艮师从王阳明后，对"致良知"进行了发展和改造。《周易·系辞上》言："百姓日用而不知，故君子之道鲜矣。"王艮之前，大多数学者认为这句话表达的是"道无所不在，却难以把握，只有圣人君子才能完全领悟"。而王艮却认为圣愚之间没有不可逾越的界限，"道"并非神秘莫测、高不可攀，甚至认为"道"就存在于人们日常生活之中——"百姓日用即道"。而且，王艮不信圣人"生而知之"，而是强调后天学习的重要性，这就为普通人成圣成贤指明了一条道路。

从司空见惯中发现真理

传说鲁班从茅草割破手指这一事件，发明了锯子；瓦特从开水顶起壶盖中，发现蒸汽动力原理……那你在日常生活中，是否也发现了一些不一样的道理呢？

邹守益 | 1491—1562 年

字谦之，号东廓，江西安福（今属江西）人，明代著名理学家、教育家。邹守益一生尤其重视教育，崇尚简易明白、朴实无华、直指本心。他把王阳明的"致良知"学说作为道德教育的根本，强调慎独、戒惧。代表作品有《东廓邹先生文集》《道南三书》《青原嘉会语》等。

邹守益：赤胆忠心的传承人

邹守益是百分百纯正的"学霸"，二十岁进京参加科举考试，在皇帝亲自主持的殿试中取得了第三名的好成绩，成为探花郎。

邹探花出生于江西的一户诗礼簪缨之家，四代人里出了七名进士，可谓读书界的豪门望族了。邹守益从小耳濡目染，好读书，尤其喜欢阅读王阳明的著作，对阳明先生非常崇拜，心中暗暗赞叹"高山仰止，景行行止"，总想着有朝一日能与偶像见上一面。

巧的是，邹守益那次勇夺魁首的会试，主考官不是别人，正是名动天下的阳明先生。王阳明见其见解非凡，将邹守益取为本次会试第一名。

数年后，王阳明被调往江西任地方官，邹守益闻讯大喜，连忙赶往王守仁的府上，探讨相关学术问题。经过深入交流，邹守益基本上领会了王老师提出的"知行合一""致良知"……厘清了这些哲学概念，邹守益豁然开朗，心中多年的疑问如冰消雪融，他不禁大声喊道："道在是矣！道在是矣！"阳明先生抚髯微笑：孺子可教呀！他决定将邹守益收为关门弟子。邹守益受宠若惊，倍加精进，成为王阳明最得意的学生。二人一直保持着亦师亦友的关系，将阳明心学推进到新的高度。

却说邹探花年纪轻轻就在殿试中脱颖而出，看上去鹏程万里、前途无量。但命运弄人，在学界一路坦途的邹守益却在政界走得很不顺畅，他太遵守儒家礼制了，认为凡是不合"礼"的东西都不合理，哪怕皇帝也不能逾礼。为此，他屡屡触怒当朝皇帝明世宗，被锦衣卫捉进天牢几番严刑拷打，差点丢了性命。被大赦出狱后，邹守益渐渐淡出政坛，以开馆授徒为业，将全部的精力集中于研究、传播恩师阳明先生的文章著作和哲学思想。

致良知与道德教育

邹守益把王阳明的"致良知"学说作为道德教育的根本，你认为这里的"良知"一词与你平时所理解的"良知"是一样的吗？

李贽 | 1527—1602 年

原姓林,名载贽,后改姓李,名贽,字宏甫,号卓吾,别号温陵居士。泉州晋江(今福建泉州)人,明代思想家、文学家。李贽对儒家尤其是程朱理学的大胆批判所表现的反传统、反权威、反教条精神,对人们解放思想、摆脱封建传统思想的束缚,产生了极大的影响。李贽提倡"童心说",强调保持最初一念之真心,创作要"绝假纯真"。代表作品有《焚书》《续焚书》《藏书》《续藏书》等。

李贽：离经叛道的"思想斗士"

明末大思想家李贽有一个更广为人知的名号李卓吾，在当时，他就是一个"异类"，他自己公开以"异端"自居。李卓吾不但狂批朝廷政策和各级官员，还猛烈抨击孔孟思想和程朱理学，简直就是"横眉冷对千夫指"。

李贽最重要的观点就是"童心说"："夫童心者，真心也……绝假纯真，最初一念之本心也。"强调为人著文都要秉持一颗真心，说话要"童言无忌"，有什么说什么，不要藏着掖着。然而在当时的社会中，说真话往往不受人欢迎，尤其是在尔虞我诈的官场中，说真话更是会影响仕途，甚至招致灾祸。

李贽不仅用嘴巴得罪人，还用实际行动来证明他对皇粮的不屑一顾。当时，李贽任姚安府知府，却在公务时间敲木鱼。没错，他大部分时间都在附近的寺庙，一门心思地研究佛经，甚至一度剃光了头发，当起了"假行僧"。有小人搜集整理了他的不务正业的事，向皇帝参了他一本，李贽就被削职。

李贽无所谓，他无官一身轻，正好将主要精力用于教书育人、钻研学术、传播思想。在教学之路上，李贽做出了一个"胆大妄为"的决定——招收女学生，这在当时可谓惊世骇俗，男女同班更是前无古人的惊天之举。在宋明时期理学家的眼中，未婚女性应该足不出户。李贽推动古代"女权"的举措，赢得了天下女子的尊敬，却让那些伪道学们气得咬牙切齿。

道学先生们最气愤的是，李贽竟然对他们奉为大成至圣先师的孔夫子"下手"了。李贽认为，《论语》是孔夫子的学生记录的，很多不一定是他的原话，所以《论语》不一定都是正确的。即使是孔夫子说的话，也不一定全对。这些言论引起了整个思想界的轰动，最终，道学先生们暗中联合起来，把李贽送进了大牢。

观念的进步

很多在当时看似离经叛道的观点，随着时代的发展，慢慢被人们接受。你认为李贽的哪些观点在今天看来其实是正常的、进步的？

刘宗周 | 1578—1645 年

字起东,号念台,山阴(今浙江绍兴)人。明末理学家、儒学大师。"慎独"是刘宗周全部学说的宗旨,"诚意"则是他的全部学说的根基。代表作品有《圣学宗要》《学言》《论语学案》《道统录》《阳明传信录》等。

刘宗周：维护儒家正统

《礼记》有云："莫见乎隐，莫显乎微，故君子慎其独也。"这句话告诫人们，不要在别人看不到、听不到的私密空间而放松自我管理，即使一个人独处、无人注意的时候，也要谨言慎行，不做有失道德的事。西方大哲康德也提出了同样的名言——有两种东西，越是经常而持久地对它们进行反复思考，它们就越是使心灵充满常新而日益增长的惊赞和敬畏：我头上的星空和我心中的道德法则。

《礼记》又云："欲正其心者，先诚其意。"这句话的大意是干任何事情都要态度端正、真心诚意。传统文化中士人的最高理想便是"修身""齐家""治国""平天下"，而要实现这些人生理想，首先必须得在这纷繁的世界中保有一颗赤诚心灵，如此才能在人生的每一个岔路口免于迷失，选择正确的人生道路。

慎独与诚意，正是明末鸿儒刘宗周特别强调的两个基本观点，成为其行走朝堂、安身立命的核心思想。刘宗周出身寒微，靠努力读书考中了进士，因此他特别感恩朝廷，感恩科举，感恩孔孟的儒家文化传统。

当正统的儒家遇上西洋的传教士，势必会有一场思想上的交锋。一次御前会议上，崇祯皇帝让文武百官支招，如何抵抗来自东北的虎狼铁骑。众大臣面面相觑，谁也不肯率先表态。德国传教士、钦天监汤若望说道："陛下，微臣建议在军队中大量布置火炮。对付关外那些冲击力极强的满族骑兵，火炮是最优武器，没有之一。"

然而刘宗周根据过往的经验认为当时的火器仍是"奇技淫巧"，并无多大实用价值。他觉得，使用火炮只是技术层面的改良，并不能从根本上决定战争的走向，只有汤武的仁义之道，才是战无不胜、攻无不克的制胜法宝。

一众大臣绝大多数都站在刘宗周这边，皇帝见人心所向，便默默放弃了大规模制造、运用火器的念头。数年后，明朝灭亡，年迈的刘宗周决定学伯夷叔齐，绝食殉国。

火器改良与技术进步

倘若崇祯皇帝听从汤若望的建议，通过火器的改良进而带动全面的技术进步，明朝又会怎么样呢？

黄道周 | 1585—1646 年

字幼玄,一作幼平,号石斋。漳浦铜山(今福建东山县铜陵镇)人。明末思想家、书画家、文学家。他主张以周孔《六经》之学救正当时思想界的空疏、荡越之风,希冀以经典文献为根本,重建理学的学理根基,对明末清初经学复归运动起到了重要的推动作用。代表作品有《易象正义》《孝经集传》等。

黄道周：舍生取义的孤勇者

明末的两个大儒，名字都很有儒家韵味。刘宗周，即"天下宗周"的意思；黄道周，即坚决走周朝正确道路的意思。子曰：周监于二代，郁郁乎文哉，吾从周。从周、宗周、道周，便是儒家知识分子的毕生追求和终极理想。

道周先生，其实是当朝第一文人，他的名帖上用蝇头小楷写着：思想家、文学家、诗人、易学专家、历史学家、书画家、天文学家、数理学家、大官……甚至晚年还跨界进入军事领域。也许是跨领域过多，耽误了他的科举事业，直至三十八岁才考中进士。

黄道周虽然疏于练习八股文，但在治学方面投入了大量精力，收获颇丰。他对儒家六经都有相关论述或专著，尤擅易学象数，义理交融，继承发展了汉代今文经学的思想。纵观其一生，他以"象数"为中心，以"天道""人事"为基本点，推动儒家学说"经世致用"，最终以"救世"。

顺治二年（1645年），清军攻破南京城。南明小朝廷一边逃跑，一边任命黄道周为兵部尚书，带兵抗清，挽救朱家江山。俗语云：蜀中无大将，廖化作先锋。然而人家廖化好歹是征战沙场几十年的老将，作战经验丰富，朱家流亡皇帝起用一个手无缚鸡之力的思想家充当兵马大元帅，这不是让人去白白送死吗？黄道周倒不这么认为，他觉得读书人就是要发扬"知其不可而为之""虽千万人吾往矣"的孤勇者精神。

黄大人连夜招兵买马，鼓动军民团结起来，共抗清军。最终募兵不足万人，战马不到百匹，跟关外排山倒海的铁骑比起来，完全就是螳臂当车。很快，道周将军兵败被俘，由于他是学术界的泰山北斗，所以清军想要招降他。然而黄道周拒不降清，他早已做好了慷慨赴死的准备，最终杀身成仁，舍生取义，实现了儒家知识分子忠君死节、以身殉道的人格价值。

八股取士与形式主义

形式主义违背了内容决定形式、形式为内容服务、内容与形式相统一的哲理。你认为八股文考试属于形式主义的范畴吗？

黄宗羲 | 1610—1695 年

字太冲,号南雷,别号梨洲老人等。浙江余姚人,明末清初经学家、史学家、思想家、地理学家、教育家。他从"民本"的立场来抨击君主专制制度,堪称中国思想启蒙第一人。代表作品为《明夷待访录》。

黄宗羲：为天下苍生代言的"书痴"

与王夫之、顾炎武并称明末清初三大思想家的黄宗羲，是明代最后一位大儒刘宗周的学生。年轻时的小黄，不是那种手无缚鸡之力的白面书生，更像是快意恩仇的江湖豪杰。在父亲被大太监魏忠贤的党羽害死后，十九岁的黄生袖藏铁锥孤身赴京，在刑部大堂当场锥刺仇人许显纯，让在场的围观群众大为震撼。此事传开，人们纷纷称赞他为"姚江黄孝子"。

黄宗羲是个嗜书如命的"书呆子"。他曾被邀请进入范家的天一阁藏书楼，做一只快乐啃书的"小老鼠"。几年后，天一阁的七万卷藏书已被他翻遍，他又从别的私人藏书楼借阅图书，并日夜抄录。后来，他抄的书多了，买的书多了，也慢慢地建起了自己的藏书楼，据说其藏书也有七万多卷！

黄宗羲藏书的目的除了丰富自身学识，还在于系统收集明王朝的各种资料。他提倡藏书在于致用："当以书明心，勿玩物丧志"。就经世致用这点而言，他和顾炎武可谓一脉相通。

读书破万卷的黄先生将学到的知识融会贯通，提出"天下为主，君为客"的民本思想，成为当时的"思想异端"。他秉承为天下苍生服务的理念，认为"天下之治乱，不在一姓之兴亡，而在万民之忧乐"。为了天下永久太平，苍生永久幸福，他建议设立监督机构监察君权，同时还要进行土地改革和赋税改革减轻百姓的负担。黄宗羲敏锐地意识到中国历朝历代覆亡都与不合理的赋税制度有关，虽然统治者进行赋税改革的初衷大多是为百姓减轻负担、增加福利，但这种制度往往在实行一段时间后，赋税又变得越来越重了。这就是现代学者总结的"黄宗羲定律"。

读书破万卷，下笔如有神

在古代，只有像黄宗羲那样在藏书楼工作，才有读到万卷书的可能，如今，你的手指轻轻一点，网络上就有海量书籍任你选读。你平时更喜欢阅读纸质书还是电子书呢？

天下兴亡
匹夫有责

顾炎武 | 1613—1682 年

本名顾绛，后改名炎武，字宁人。南直隶昆山（今江苏昆山）人，居亭林镇，学者尊称其亭林先生。明末清初思想家、学者，被称为清代"开国儒师""清学开山始祖"。提倡经世致用、明道救世思想。代表作品有《日知录》《天下郡国利病书》等。

顾炎武：经世致用奔小康

> "母亲，忠节义气是什么意思呀？"年幼的顾炎武抬头望着母亲王氏，眼眸中闪烁着对知识的渴望。正埋头为孩子缝制冬衣的母亲停下手中的针线活，沉思片刻，说道：像岳飞、文天祥、方孝孺那样的人，当国家有难、人民受苦的时候，就会不顾一切挺身而出，救国救民。这就是真正的忠节义气。小小的孩童懵懵懂懂，但似乎又在一瞬间开悟了。顾炎武长大后也成了爱国爱民的忠节义士。

清军入关后，他毅然决然投奔南明朝廷，并献上大作"乙酉四论"（《军制论》《形势论》《田功论》《钱法论》），为朝廷献计献策。在南京被清军攻占后，顾炎武拉上自己的儿时挚友归庄，亲自上阵杀敌。

顾炎武一直以实际行动抵抗清军的入侵，也拒绝了清廷允诺的泼天富贵，坚决不为清王朝服务，但他的学术理论还是给清王朝的思想发展做出了贡献。他提出的经世致用的思想，反对空谈，开启了清代朴学风气，他将明代覆灭归咎于王（阳明）学的空谈误国，他批判宋明理学的假大空，强调知识的实用性和开创性。他提出："君子之为学，以明道也，以救世也。徒以诗文而已，所谓雕虫篆刻，亦何益哉？"

有一句名言"天下兴亡，匹夫有责"便是从顾炎武的《日知录》提炼出来的，这是多么高明的领悟啊！将天下的责任放在每个国民身上，反过来也肯定了国民"众治"的权利，这是他质疑君权的证据。

对于民生，顾炎武认为"今天下之大患，莫大于贫"，提倡"利国富民"，"善为国者，藏之于民"。在他看来，"有道之世，必以厚生为本"，希望逐步改变百姓穷困的境遇，达到"五年而小康，十年而大富"。

我们如何"经世致用"

"经世致用"，更多的是强调一种实用主义。我们今天的学科，有很多内容在实际生活中很少用到或根本用不到，你觉得还有必要学习这些内容吗？

王夫之 | 1619—1692 年

字而农，晚年隐居石船山，人称"船山先生"，湖南衡阳人。明末清初思想家。王夫之总结和发展了中国古代哲学，将之推向高峰，其哲学思想体现了"宇宙论、本体论与人生论"三论的统一，特别是以本体论为人生论的价值来源和终极根据，这在当下仍具有积极意义。著有《周易外传》《尚书引义》《老子衍》《庄子通》等。

王夫之：读书无用？只是你不会读罢了

你认为读书有用吗？社会上，每隔一段时间，"读书无用"的论调，就会如幽灵一般浮现。其实，这些论调，古来有之。公元554年，梁元帝在与西魏的战争中失败，一怒之下烧毁十四万卷书，并无能地发泄道："我读书破万卷，却落得如今这个下场，读再多书有什么用？"面对梁元帝的"读书误国论"，人们纷纷谴责梁元帝"书何负于帝哉"，即"没用的是你，而不是书"。

对于梁元帝读书，王夫之在《读通鉴论》中提出一个辩证的观点："帝之自取灭亡，非读书之故，而抑未尝非读书之故也。"说的是梁元帝的失败，不能简单地归咎于读书，也不能简单地说与读书无关。也就是说书也不是全然有益无害的，书也不是读得越多越好。

从梁元帝撰写的文章中，你会发现他文章华而不实，堆积典故，只是炫耀他读书之多。这种一头扎入故纸堆，沉迷于死记硬背和生搬硬套的读书方式，读的书越多，用的功越深，跟现实生活也就离得越远。梁元帝在父亲梁武帝萧衍被叛贼挟持，国家面临生死存亡之时，不采取应对措施，依旧早晚苦读——当读书成为一种执念，也会入歧途。梁元帝"两耳不闻窗外事，一心只读圣贤书"，只是沉迷书本身而已，全然脱离了现实，忘记了读书的目的。王夫之质问这样读书："于身心何与邪？于伦物何与邪？于政教何与邪？"

那么，应该怎么读书？王夫之提出："辨其大义，以立修己治人之体也；察其微言，以善精义入神之用也。"读书既要有独立审慎的思考，还要用发展的眼光来取舍，最关键的是要能融会贯通，学以致用。王夫之是这样说的，也是这样来读书的。比如对人性的善恶，王夫之在孟子、荀子，以及扬雄的基础上"辨其大义"，提出"生之初，人未有权也，不能自取而自用也……已生之后，人既有权也，能自取而自用也"。即人性的形成不全是被动的，最终是善是恶，人可以主动地权衡和取舍，而且是不断发展变化的。

热爱书吧

杜甫说："读书破万卷，下笔如有神。"伏尔泰说："读书使人心明眼亮。"你还知道哪些有关读书的名言警句？

颜元 | 1635—1704 年

字易直，又字浑然，号习斋。博野（今属河北）人。明清之际启蒙思想家、教育家，颜李学派创始人。颜元猛烈批判程朱理学脱离实际，提倡恢复"周孔正学"。政治上反对豪强兼并，提出七字富天下、六字强天下、九字安天下的政治主张。代表作品为《四存编》《习斋记余》。

颜元：习行又习武的教育思想家

颜元自小跟养祖母、养祖父长大，养祖母去世，他极度悲伤，还严格遵守朱熹所定家礼，身体虚弱至极。他深觉这种礼制不合人情。

由此事发端，颜元全面反思程朱理学的种种漏洞和弊病，尤其是那些不近人情的设定。在程朱理学为统治者服务的时代，敢于质疑挑战它是要冒生命风险的。颜元无惧性命之虞，猛烈抨击理学道统，在清初的思想界引起了巨大震动，梁启超说颜元是当时思想界的"大炸弹"。

颜元潜心研究，深入批判程朱理学，成了思想界的一代宗师。同时，他也是武术界的一代宗师。养祖父系行伍出身，长年习武，启蒙老师吴洞云先生也是十八般武艺样样精通，因此，颜元自小允文允武，文武兼修。传说在一次比武中，他还战胜了"打遍河北无敌手"的大侠李子青。

颜元毕生从事教育活动。在他开设的讲堂上，安放着琴、筝、弓、矢、筹、管，每日带领学生学习礼、乐、射、御、书、数，探究兵、农、水、火等实用之学。他提出教育的目的应该是培养"实行""实用"型人才，教学方法特别注重习行、主动，反对宋儒的读书静坐，而是引导儒者走上身体力行的实践之路。颜元一生培养了众多的学生，其中有记录可查者达100多人。高徒李塨继承和发展了颜元的学说，形成了当时著名的"颜李学派"。

"习武"与"习行"

颜元练习功夫，可不是为了打架逞强，而是为了呼应他力推的哲学主张"习行"。你知道"习行"的含义吗？"习行"对你的学习生活有哪些指导意义？

戴震 | 1724—1777 年

字东原，安徽休宁人，清代哲学家、自然科学家。以唯物主义理性观阐明义理，抨击传统理学"存天理，灭人欲"之说。代表作品有《毛郑诗考》《孟子字义疏证》《声韵考》《勾股割圆记》等。

戴震：爱思考，爱批判

清代大学者戴震也是个天才少年，博闻强识。十来岁时，老师正在私塾里讲授《大学章句》，专心听讲的戴震突然问道："老师，你刚刚讲的书上的东西，怎么知道它就是孔子的原话呢？又是怎么知道它是曾子和学生记述的？"

老师回答说："这是朱文公朱熹说的。"小戴震接着问："朱文公生活在什么朝代？"老师说："南宋。""孔子、曾子又生活在什么朝代？"老师说："周代。""那么，周代、宋代相隔多久呢？"老师说："一千五六百年。""这比朱文公距离我们的年代还要久远得多，那朱文公怎么会知道孔子、曾子的一言一行？"老师一时间竟无言以对，但也没批评他，反而赞道："你有独立思考的能力，将来一定会成大器。"

戴震爱学习、爱思考，在继承明末顾炎武思想的基础上，形成了独树一帜的、批判色彩强烈的哲学思想。他一直对程朱理学"存天理灭人欲"的主张深恶痛绝，凭什么要为那虚无缥缈的天理而牺牲掉人的本性、本能？他将思维聚焦于陈旧的天理观，认为旧的天理观在理论上根本就站不住脚，并大力批判旧天理观的危害性，呼吁人们抛弃这一理论，选择全新的理论来指导日常生活。

那么，全新的理论武器究竟是什么呢？它就是常识常理，用日常理性代替理学家不切实际的"高调"理论。戴震经常在不同场合明确表示："酷吏以法杀人，后儒以理杀人。"以非常尖锐的语言批评了程朱理学的荒谬之处。所谓以理杀人，就是理学家们将"天理"当成游离于人之本性之外的抽象存在，拿这种抽象的东西来压抑人的本来性情，跟拿着刀子架在人的脖子上没什么区别。

戴震给出了自己的天理观：天理者，节其欲而不穷人欲也。这是说一个人有欲望是正常的，只要学会如何控制这些欲望就行了，而不是彻底去消灭欲望。在戴震看来，人人都有生存的权利，逞己之欲而扼杀他人之欲，是不符合孔孟"仁道"的。

批判性思维不等于杠精思维

批判性思维一定是有理有据的，而不是简单的抬杠。你在学习中，产生了跟老师不一样的想法、结论，会像戴震一样勇敢地跟老师探讨吗？

严复 | 1854—1921 年

原名宗光，字几道，福建侯官（今福州）人，近代启蒙思想家、翻译家。他系统地介绍西方民主和科学，宣传维新变法思想，将西方的社会学、政治经济学、哲学和自然科学介绍到中国。

严复:外面的世界很精彩

严复出生于一个中医世家,十二岁时,父亲便撒手人寰,家中失去经济支柱。他只能放弃之前的读书科举之路,寻找新的人生方向。1867 年,福建船政学堂开考招生,严复就报名了。福建船政学堂是洋务运动的产物,采用全新的教育模式,主要学习西方的语言和船舶知识,以及各项实践操作。但招生试题却又很传统,就一道作文题。

主考官乃船政大臣沈葆桢,他的父亲去世不久,便以孝道为主题出了一篇命题作文。严复将对父亲的思念之情,全部写在了考试文章里。沈大人被这篇作文感动得热泪盈眶,当即录取了这个高才生。

在船校苦学四年后,严复以优异的成绩赢得了到当时最先进的军舰建武号和扬武号实习的机会,成为一名海军预备军官。天道酬勤,二十三岁时,严复被朝廷派往英国海军学校深造。19 世纪末期的英国,第二次工业革命将要完成,即将迎来更加辉煌的电气时代,整个社会充斥着层出不穷的新发明、新产品,洋溢着蓬勃向上的活力。然而中国却还处于半殖民地半封建社会,暮气沉沉。两相对比,令严复大受刺激,他决定将西方先进的知识翻译过来,介绍给中国知识分子。

此后,严复力倡西学,他认为中国要学习西学和西洋的"格致"(理工科),才能走出贫困落后的困境。在他翻译的扛鼎力作《天演论》里,除了宣扬"物竞天择,适者生存","时代必进,后胜于今"等观点,还时时暗含着他西学中用、维新变革的进步思想。但终究是时机未到,严复仅凭一己之力无法改变当时的中国。

翻译作品与"信、达、雅"

严复提倡翻译外文作品时,要符合"信、达、雅"三原则。你知道什么是"信、达、雅"吗?你读过的外国文学译著中,有没有不符合"信、达、雅"标准的?请举例说明。

谭嗣同 | 1865—1898 年

字复生，号壮飞，又号华相众生等，湖南浏阳人。清末维新派政治家、思想家，"戊戌六君子"之一。他提出了"仁学"的概念，形成了独特的哲学体系。代表作品有《仁学》《莽苍苍斋诗》《寥天一阁文》等。

谭嗣同：我自横刀向天笑

戊戌变法的灵魂人物之一谭嗣同，其父官至一品光禄大夫，湖北巡抚兼署湖广总督。不过清代的官员没有世袭的恩泽，谭嗣同仍得靠自己读书考取功名。

小小年纪的他天天摇头晃脑地背四书五经，隔三岔五还得作八股文，此外还尤其喜欢舞刀弄剑。他还越来越喜欢看些"闲书"，对佛经颇有些研究。这就造成他的思想日渐脱离名教循规蹈矩的常轨，自由平等的种子在心田慢慢萌芽。那样的他在时人的眼中稍显怪异而激进。

谭嗣同参加了好几次科考，均名落孙山，因为他把时间都分配给其他他认为更重要的事情了。

他把时间用于写作，创作了维新变法人士的第一部哲学著作《仁学》。谭嗣同提出的仁学，跟传统儒家研究的仁学大相径庭。在书中，他杂糅了儒、释、道、墨和西方宗教、哲学、自然科学等观点，形成了独特的哲学体系。他认为，"仁"是宇宙万物的本源，也是人"心"之本体。这本书的主要内容还是大力批判落后于时代的传统守旧思想，为日后轰轰烈烈的维新变法运动提供了理论支撑。

他把时间用于交游。谭嗣同"倔强能自立"，"发扬蹈厉、不拘绳墨"，有任侠之风。既然科举不好考，他干脆仗剑远游，结识各路仁人志士、英雄豪杰。其间，他与当世第一豪侠大刀王五成为莫逆至交，他在就义前创作了著名诗句："我自横刀向天笑，去留肝胆两昆仑。"

他把时间用于维新变法。可以说谭嗣同是整个变法运动中最激进最积极的那个人，他奔走于各方势力之间，为变法运动争取最大空间。变法失败后，消息灵通人士劝他早点逃到日本避祸，他偏自横刀向天，决心留下来以身殉道。

生如夏花般绚烂

谭嗣同英勇就义时年仅三十三岁，生如夏花，短暂而绚烂。谭嗣同明明可以逃出生天却偏要留下来为维新变法殉道，你认为他这样选择有意义吗？

王国维 | 1877—1927 年

字静安,一字伯隅,号观堂,浙江海宁人,中国近现代著名学者。著述甚丰,代表作品有《人间词话》《叔本华与尼采》《论哲学家与美术家之天职》《屈子文学精神》等。

王国维：学贯中西的大师

王国维最为我们所熟知的故事，就是他用极富诗情画意的词句，描绘了人生求学治学的三重境界。他在《人间词话》中说"昨夜西风凋碧树，独上高楼，望尽天涯路"，这是第一重境界，意为求学首先要找到路径、方向；"衣带渐宽终不悔，为伊消得人憔悴"，这是第二重境界，意为找到目标之后必须要付出努力和辛苦，上下求索，虽九死其犹未悔；"众里寻他千百度，蓦然回首，那人却在，灯火阑珊处"，这是第三重境界，即见自己见众生见天地的境界，颇有禅宗"顿悟""看山还是山"的豁然开朗。

然而，现实生活中的王国维并不是一个诗意浪漫的人，他看上去不苟言笑，让人敬而远之。也许是性格使然，也许是境遇影响，王国维研究哲学，更喜欢老子、庄子、叔本华和尼采这些哲人。他认为，这些人做学问搞研究不是为了实现政治理想，更不是为了谋个一官半职，而只是纯粹领悟"宇宙人生之真理"，是真正意义上的哲学家。他进一步分析道：旧时代的中国哲学乃至整体学术研究比较落后，就在于政治专制主义的禁锢，思想、学术往往被当作政治的工具。

在王国维看来，孔子、墨子等开宗立派的诸子基本上都是大政治家，其余诸子如孟子、荀子等人也有极强极大的政治抱负，后世哲学方面的优秀代表如董仲舒、二程、朱熹、王守仁等，更是将学术研究与政治追求深度捆绑。不只是哲学家，有些诗人也特别热衷于政治。所以，如今的学术界、思想界要想别开生面、提档升级，就不能仅仅吸收古人的智慧，还得引入、借鉴西方的"新思想"，做到"古为今用，洋为中用"。王国维自己就是学贯中西，融通中西，取其所用，构建了自己的哲学思想理论体系。在清华大学授课期间，他建议在各个专业都开设哲学概论、中国哲学史、西洋哲学史等公共课，以期提升大众的哲学理性思维水平。

学习之三重境界

王国维提出的求学治学三重境界，对你平时的学习有没有指导作用？你认为你自己目前的学习状态处于哪一重境界？

马一浮 | 1883—1967 年

名浮，字太渊，后字一浮，浙江会稽（今浙江绍兴）人。中国现代思想家，是中国引进《资本论》原版的第一人，现代新儒家的早期代表人物之一，马一浮与梁漱溟、熊十力一起被誉为现代儒学三圣，作品后人辑为《马一浮集》。

马一浮：中国学问不比外国差

马一浮八岁便熟读《楚辞》和《昭明文选》，九岁能应要求现场赋诗，十岁起便无人敢教，靠自学成才。他还擅长英文、拉丁文，是第一位将马克思的《资本论》推介到中国的学者。马一浮曾亲历过戊戌变法失败、八国联军侵华，"中国崛起"是他一直以来的信念和追求。

马一浮从书上读到的西方是文明、民主、先进的，可在他去美国参加第十二届世博会的几个月，他发现现实中的西方却是"白人俱乐部，华人禁止入内"；在他们的大学里，老师正在以"是否应将中国分割成几个小国"作为辩论题目，让学生热烈讨论……那中国在这种打压下，如何才能重新崛起呢？这让马一浮陷入了深思。

鸦片战争之后，大家都在争相学习西方，动摇了中国人对自己文明与文化的自信，包括众多精英都希望"师夷长技以制夷"。可哪些是长技，哪些是短板？如何取其精华，去其糟粕？总不能全盘西化吧！马一浮清醒地认识到：中国科学技术的暂时性落后，并不代表我们传承几千年的文化是落后的。

由此，马一浮潜心研究儒家经典，融会儒释道提出以"六艺"统摄一切学术——"天下万事万物不能外于六艺，六艺之道不能外于自心"。所以，中国的"四书五经"在六艺之内，西方的"科学文化艺术"一样在六艺之内。中国的圣人、外国的先贤，他们说出来的话、得出来的规律，也是六艺之道，只是叫法不同而已。比如，马一浮认为"礼、乐、射、御、书、数"等"六艺"是与生俱来的，是每个人都具备的。这跟美国"多元智能之父"霍华德·加德纳博士提出的每个人有八种智能的观点非常接近。中国学问不比外国差！

六艺之道

马一浮认为，天地一日不毁，此心一日不亡，六艺之道亦一日不绝。人类如欲拔出黑暗而趋光明之途，舍此无由也。你认可他的这一观点吗？为什么？

熊十力 | 1884—1968 年

字子真,原名熊继智,湖北黄冈人。现代新儒家代表人物,近现代国学大师,著有《新唯识论》《原儒》《体用论》《明心篇》《佛教名相通释》《乾坤衍》等书。其以佛教唯识学和宋明陆王心学重建儒家形而上道德本体,其学说影响深远,在哲学界自成一体。

熊十力：举头天外望，无我这般人

"我是谁？我从哪里来？我要到哪里去？"十六七岁四处游学的熊继智边问自己边翻看陈献章的《禽兽说》："人具七尺之躯，除了此心此理，便无可贵，浑是一包脓血里一大块骨头。"熊继智突然被这句话触动，一下明悟"我是谁"："血气之躯非我也，只此心此理，方是真我！"既为了与过去懵懂的自己告别，也为了立志，他决定改名为熊十力。"十力"一词是指佛陀全知全能的十种能力。"六度之业既深，十力之功自远"，"运十力以摧魔，弘四等以济俗"。

熊十力在王夫之学说的影响下，怀着"恢复中华"的雄心壮志投身革命军。护法运动失败后，熊十力意识到救国不能只有革命，还须强壮国人思想与学术。于是，熊十力决心"专力于学术，导人群之正见"。得益于他小时候文化底子打得牢，又有一目十行、过目不忘的天赋。即使三十五岁"高龄"重拾学术，亦是事半功倍。熊十力很快成为举国闻名的国学大师。

后受蔡元培之邀，熊十力受聘为北京大学主讲佛家唯识论的特约讲师。他一个人住在北大附近的一座小院子里，为潜心著作，院门总是紧闭，门上贴一张大白纸，上书："近来常有人来此找熊十力，熊十力以前确是在此院住，现在确实不在此院住。我确实不知道熊十力在何处住，请不要再敲门。"看到的人无不为熊十力"此地无银三百两"的书呆子气而大笑。

天赋加努力，熊十力据授课讲义写成《新唯识论》一书，对佛家经典《唯识论》进行了独到而大胆的新解，一经出版便遭到佛学界的猛烈批评，引发学术界的巨大震动。后来他的《原儒》《体用论》等哲学著作陆续出版，这些保持"东方哲学的骨髓与形貌"的著作，在海内外产生了深远的影响。

狂妄与自信

熊十力很狂，十多岁时就曾言："举头天外望，无我这般人。"其实"狂人"分两种：一种是自大的狂，经不起检验；一种是自信的狂，真金不怕火炼。你还知道哪些"狂人"，他们狂在什么地方？

梁漱溟 | 1893—1988 年

原名焕鼎，字寿铭。原籍广西桂林，生于北京。中国著名的思想家、哲学家、教育家、社会活动家，现代新儒家的早期代表人物之一，有"中国最后一位大儒家"之称。代表作品有《中国文化要义》《东西文化及其哲学》《唯识述义》《人心与人生》等。

梁漱溟：最后的大儒

被世人尊为中国最后一位大儒的梁漱溟，却经常对别人说，他上辈子是一个和尚。儒道与佛道，出世与入世，这两种看似截然相反的思想在他的身上折冲激荡，此起彼伏，一直伴随着他的漫漫人生路。

高中毕业后，梁漱溟没有考上理想中的北大，便沉下心来专事读书与写作，不久，他便在杂志上发表了哲学名篇《究元决疑论》："究元"就是追究宇宙人生之本原，"决疑"就是要解决思想上遇到的种种疑惑。文章旁征博引，牵涉甚广，还引用了许多西方哲学家的观点。这篇文章深受时任北大校长蔡元培的激赏。

一个二十出头的小伙子，思想如此博大精深，见解如此深刻独到，令人赞叹。蔡校长也是伯乐再世，慧眼如炬，邀请只有中学文凭、22岁的梁漱溟到北京大学讲印度哲学，听他讲课的学生挤满教室。

梁漱溟基于多年的研究，将全球的文化类型分为三种：中国文化、印度文化、西洋文化。他觉得中国文化相较于印度文化和西洋文化，更具优势，更能代表人类先进文化的发展方向。他认为中国文化以孔子的儒家学说为根本代表，是人类文化的理想归宿，比其他类型的文化要更加"高妙"，只有以儒家思想为基本价值取向的生活，才能使人们尝到人生的"真味"。

梁漱溟认为，中国农村才是儒家文化最正宗的载体，而农村贫困落后的面貌又令人心忧，他决定致力于改变农村现状。1931年，他与一群志同道合之士在山东邹平大搞乡村建设，希望通过文化教育、自治合作等各方面的改革，提高农民的文化素质和生活水平，使农村变得现代化、民主化、和谐化。1937年，日军发动全面侵华战争，梁漱溟的乡村建设实验被迫中断了。虽然梁先生主导的乡村建设没有取得预想的成果，但它为我们今天的新农村建设提供了一定的宝贵经验。

我们需要什么样的文化自信？

梁漱溟提出中国文化要优于其他类型的文化，你认为呢？为什么？

朱光潜 1897—1986年

别名孟实,安徽桐城人。现当代著名美学家、文艺理论家、教育家、翻译家。中国现代美学奠基人,其美学思想以人文主义为核心,结合现代心理学,指出审美活动是主体与客体之间的交互过程,而主体的主动性是美学活动的核心。主要著作有《悲剧心理学》《文艺心理学》《西方美学史》《谈美》等。

朱光潜：知行合一的"标兵"

"人在年轻时做点什么，才能受益终身。"这是美学大师朱光潜在文集《给青年的十二封信》中的寄语。正人先正己，青少年时期的朱光潜口不绝吟于六艺之文，手不停披于百家之编，辛勤治学，挑灯夜战，最终让自己站上了学术之巅。

为达成人生目标，朱光潜曾三立座右铭。

在香港大学求学时，朱光潜以"恒、恬、诚、勇"作为座右铭，即做人为学要具备恒心、恬淡、诚恳和勇敢等品质。他曾说："这四个字我终身恪守不渝。"说到"诚"，有这样一件趣事。朱光潜是当时顶流的学术明星，有人便想蹭他的热度赚钱。此公以朱光潜为名，写了一本书《致青年》（副标题《给青年的十三封信》）公开销售。但朱光潜没有谴责这个"李鬼"，也没有和他对簿公堂，只是在《申报》上登了一则"寻人启事"，委婉提醒那个"朱光潜"要诚信做人。

朱光潜第二次立座右铭是在爱丁堡大学留学期间。朱光潜兴趣广泛，最后在选专业时毅然跳入美学"泥潭"，指导老师用八头牛都拉不住他。倔强的朱光潜将座右铭修改为："走抵抗力最大的路！"从此他便全身心投入美学研究，写出了许多有开创意义的著作。

20世纪30年代，朱光潜最后一次改座右铭为"此身、此时、此地"，即做好自己该做的、不拖延、不受外界环境影响。这条座右铭给朱光潜之后的人生一直充电续航，激励他不断给自己设立新目标，乃至年过八十还仍坚持翻译维柯的《新科学》一书。

朱光潜用他的一生践行了这些座右铭。他的成就告诉我们，知行合一也必须做到持之以恒、贯彻到底，才是赋能生命的不竭动力。在朱光潜的美学观点中也充分体现了知行合一："美是主客观的统一。"把主观的"知"和客观的"行"结合起来，也就产生了美。

座右铭的力量

历史上有许多名人都受到座右铭的激励，你的座右铭是什么？

宗白华 | 1897—1986 年

字白华,江苏常熟人。中国现代哲学家、美学大师、诗人,是我国现代美学的先行者和开拓者,被誉为"融贯中西艺术理论的一代美学大师"。代表作品有《美学散步》《艺境》。

宗白华：学贯中西，探索生命之美

宗白华在南京"压马路"时，偶然看到一尊雕刻精美、重达十斤的隋唐青玉佛头，被其安静肃穆的大美所吸引，花大价钱将其请回家。"佛头宗"雅号就由此而来。哪怕是四处漂泊，他也将佛头带在左右。

宗白华家学渊源深厚，在欧洲留学的过程中，他逐渐将西方美学理论用于发展中国古典美学，把中国体验美学推向了极致。他曾说："拿叔本华的眼睛看世界，拿歌德的精神做人。"他喜欢研究叔本华和尼采之类的悲观型哲学家，大概是因为悲剧更能产生美的价值并引起人们共鸣。

宗先生在《美学散步》中指出：主观的生命情调与客观的自然景象交融互渗，成就的灵境是构成艺术之所以为艺术的"意境"。哪怕是在战火纷飞的年代，你也能在这本美学著作中找到让心灵平静的港湾。《美学散步》一书不只是冷静客观的哲学叙事，更是充满诗情画意的哲理美文，字里行间缓缓流淌着闲庭信步的恬静，让读者的心灵在美的散步中得到净化和升华。

宗白华美学理论的落脚点其实在人生哲学，他心中的美学就是关于生命艺术的哲学。他强调中国艺术是心灵的创造，中国传统的艺术作品是心灵与自然的完全合一。中国艺术的这种境界特征，其根基是中国哲学。他认为，西方的形而上学体系是"唯理的体系"，中国的形而上学体系则为"生命的体系"。"中国人感到宇宙全体是大生命的流行，其本身就是节奏与和谐。人类社会生活里的礼和乐，是反射着天地的节奏与和谐。一切艺术境界都根基于此。"

宗白华的这些理论为我们描绘了审美化的生存理想，闪耀着智慧之光。在宗白华那里，艺术问题首先是人生问题，艺术是一种人生观，"艺术式的人生"才是有价值、有意义的人生。

"艺术式的人生"更值得拥有

在平时紧张的学习生活中，你认为要怎样规划安排才能过上宗白华提倡的"艺术式的人生"？

牟宗三 | 1909—1995 年

字离中，山东栖霞人。中国近现代最具"原创性"的"智者型"哲学家，现代新儒家的重要代表人物。牟宗三致力于谋求儒家哲学与康德哲学的融通，并力图重建儒家的"道德的形而上学"。著有《心体与性体》《才性与玄理》《中西哲学十九讲》《佛性与般若》《生命的学问》等。

牟宗三："生命的学问"

牟宗三在《我与熊十力先生》一文中，回忆与老师在北大第一次相遇的情景。几位师长相约中央公园吃茶闲谈，我在旁边吃瓜子，忽然听见他老先生把桌子一拍，很严肃地叫了起来："当今之世，讲晚周诸子，只有我熊某能讲，其余都是混扯。"在座诸位先生喝喝一笑，我当时耳目一振，心中想到，这先生是不凡的，直憨地不客气，凶猛得很。熊十力在北大任教期间，最喜欢的学生是牟宗三。牟宗三当时年轻，颇为自满。熊十力便告诫他："你不要以为自己懂得了，实则差得远。说到懂，谈何容易。"这一当头棒喝，让牟宗三从此一改对学问"只是在平面的广度的涉猎追逐中。我现在有了一个超越而永待向上企及的前途"。正是这种从"广博"到"纵深"的转变，以及亟待超越的前景，让牟宗三参省了自己的人生，沉淀出自己的学问。

对西方和中国的学问，牟宗三认为，西方的学问以"自然"为首要任务，以"理智"来把握自然；中国的学问以"生命"为首要任务，以"德性"来润泽生命。而对于中国人的"生命的学问"，牟宗三认为："读西方哲学是很难接触生命的学问的。西方哲学的精彩是不在生命领域内，而是在逻辑领域内、知识领域内、概念的思辨方式中。"即西方是"知识中心"的哲学——强调独立个体、逻辑思维、相互竞争与零和博弈，而中国是"生命中心"的学问——倡导家国情怀、辩证思维、和谐双赢和世界大同。

在这个不确定的当下，若用"知识中心"的哲学来指导人生，极容易造成现代人的精神内耗：人人都在向外追逐金钱、名声、权力……忽视生命的真实需求，就总会有许多欲望得不到满足。所以，唯有"生命的学问"觉醒之后——"端正其最初的心愿，正大其基本方向"，这种强大的内生原动力，向外能开出追求知识与建立事业的理想，向内能参悟这些理想的真实本源，从而使理想真成其为理想。否则天天叫着闹着去追求理想，而最终的结果，很可能跟理想没有任何关系。

中国哲学与西方哲学

牟宗三认为近代是由中到西"知识的学问"的时代，现代应当是由西到中的"生命的学问"的时代，因此，中国哲学能实现对西方哲学的超越和"转进"。你觉得呢？